Sumário

A REVOLUÇÃO DO CONTEÚDO DIGITAL

Nos últimos anos, a forma como consumimos e produzimos conteúdo passou por uma transformação sem precedentes. Com a ascensão das plataformas digitais e redes sociais, o conteúdo deixou de ser monopolizado por grandes empresas de mídia e passou a ser criado por qualquer pessoa com um celular e uma conexão à internet. Essa democratização do conteúdo abriu um universo de possibilidades para aqueles que desejam compartilhar suas ideias, construir audiências e, claro, gerar receita.

A Era da Informação e a Explosão das Mídias Sociais

Vivemos na era da informação, onde o conhecimento está ao alcance de um clique. O surgimento das redes sociais, como YouTube, Instagram, TikTok e outras, transformou a maneira como interagimos e consumimos conteúdo. Essas plataformas oferecem uma infinidade de oportunidades para criadores de todos os tipos, de influenciadores a especialistas em nichos específicos. Se, no passado, a produção de conteúdo dependia de grandes orçamentos e de infraestrutura complexa, hoje, bastam um smartphone e uma boa ideia para conquistar a atenção de milhões de pessoas ao redor do mundo.

Com a popularização dos vídeos curtos, em especial no TikTok e no Instagram Reels, o consumo de conteúdo tornou-se ainda mais dinâmico. O formato de vídeos rápidos, que transmitem mensagens em poucos segundos, cativou as gerações mais jovens e forçou outras plataformas, como YouTube e Facebook, a se adaptarem a essa nova realidade. Essa mudança criou uma demanda crescente por criadores que sejam ágeis, criativos e, principalmente, autênticos.

Por que Criar Conteúdo para Plataformas Digitais?

Você já se perguntou o motivo pelo qual tantas pessoas estão migrando para as plataformas digitais como criadores de conteúdo? A resposta está na convergência de três fatores principais: alcance global, baixo custo de produção e oportunidades de monetização. Quando você cria conteúdo para plataformas como YouTube ou Instagram, você tem a capacidade de alcançar uma audiência global. Não importa se você está em uma cidade pequena ou em um grande centro urbano, seu conteúdo pode ser visualizado por pessoas em qualquer parte do mundo. Esse alcance, aliado ao baixo custo de produção (um simples smartphone pode ser o suficiente para começar), torna a criação de conteúdo uma das atividades mais acessíveis e democráticas da atualidade.

Além disso, as plataformas oferecem oportunidades reais de monetização. O YouTube, por exemplo, paga aos criadores com base nas visualizações de seus vídeos, enquanto plataformas como Instagram e TikTok permitem que influenciadores e criadores façam parcerias com marcas, gerando receitas através de campanhas publicitárias, marketing de afiliados ou até mesmo vendendo seus próprios produtos. É a combinação desses fatores que torna o cenário tão atraente para quem deseja se aventurar nesse universo.

A Importância de se Adaptar às Tendências dos Vídeos Curtos

A adaptação às tendências é um dos principais fatores para o sucesso na criação de conteúdo digital. Uma dessas tendências é o formato de vídeos curtos, que veio para ficar. O TikTok foi o grande pioneiro desse movimento, tornando-se a plataforma mais baixada do mundo e conquistando bilhões de usuários em um curto período. Em resposta a isso, o

Instagram lançou o Reels, e o YouTube introduziu o Shorts, ambos competindo diretamente com o formato inovador do TikTok.

Mas por que os vídeos curtos se tornaram tão populares? A resposta está na maneira como nosso cérebro processa informações e na constante busca por entretenimento rápido e de fácil consumo. Em uma era de sobrecarga de informações, os vídeos curtos oferecem uma maneira eficiente de se divertir, aprender algo novo ou simplesmente passar o tempo. Para os criadores, isso significa que é preciso ser criativo, conciso e direto ao ponto. A concorrência é acirrada, e um vídeo tem apenas alguns segundos para capturar a atenção do espectador antes que ele deslize para o próximo conteúdo.

A Evolução do Consumo de Conteúdo

O consumo de mídia passou por transformações significativas nas últimas décadas. Na década de 1980 e 1990, a televisão era o principal meio de comunicação e entretenimento, mas com o surgimento da internet e, posteriormente, das redes sociais, esse cenário mudou drasticamente. Hoje, as pessoas passam mais tempo em seus smartphones do que assistindo TV, e plataformas como YouTube e Netflix competem diretamente com emissoras tradicionais.

Outro ponto importante é o papel do público como criador de conteúdo. Ao contrário da era da televisão, onde o consumo de mídia era passivo, hoje, qualquer pessoa pode se tornar um criador. Isso deu origem a um novo tipo de celebridade, os influenciadores digitais, que constroem suas audiências não apenas pelo que compartilham, mas pela proximidade e interação direta com seus seguidores.

Como isso Impacta a sua Jornada de Criador de Conteúdo

Se você está lendo este livro, provavelmente já tem interesse em criar conteúdo digital ou talvez já tenha começado sua jornada. O primeiro passo é entender que o conteúdo digital não é apenas sobre postar algo e esperar que viralize. Requer planejamento, estratégia e, acima de tudo, conhecimento profundo sobre a plataforma que você deseja dominar.

Neste livro, vamos guiá-lo pelos fundamentos da criação de conteúdo digital, mostrar como planejar de forma eficaz, desenvolver conteúdos que realmente envolvem seu público e, por fim, monetizar seus esforços. A chave para o sucesso nesse campo está em três pilares principais: estratégia (pare), criatividade (pense) e execução inteligente (monetize). Com esses três elementos, você estará preparado para construir uma carreira sustentável no universo digital.

Os Desafios e as Oportunidades do Mercado Digital

Embora o mercado digital ofereça oportunidades incrivelmente promissoras, ele também apresenta desafios. A competição é alta, e muitos criadores não conseguem se destacar na multidão. Isso acontece, em grande parte, pela falta de planejamento estratégico e pela tentativa de simplesmente replicar o que outros estão fazendo. No entanto, como você verá ao longo deste livro, existem maneiras de superar esses desafios, seja encontrando seu nicho, seja construindo uma marca autêntica e estabelecendo um relacionamento verdadeiro com sua audiência.

Por outro lado, as oportunidades são vastas. Nunca antes foi tão fácil alcançar milhões de pessoas com um orçamento tão pequeno. As barreiras de entrada são mínimas, e com as ferramentas certas, qualquer pessoa pode transformar sua paixão em uma carreira lucrativa. Este livro é um guia completo para que você possa navegar nesse oceano de possibilidades, construir uma audiência fiel e, claro, ganhar dinheiro com isso.

PARE: A IMPORTÂNCIA DE UMA ESTRATÉGIA

Um dos maiores erros que muitos aspirantes a criadores de conteúdo cometem é simplesmente começar a produzir sem qualquer tipo de planejamento. Embora a espontaneidade tenha seu valor em algumas situações, a criação de conteúdo para plataformas digitais exige estratégia. Quando falamos em criar uma carreira sustentável e lucrativa como criador de conteúdo, o planejamento é o que define o sucesso a longo prazo.

Por que é Essencial Parar e Planejar?

A criação de conteúdo digital é, em muitos aspectos, semelhante à criação de um negócio. Assim como um empreendedor não abre uma empresa sem antes definir um plano de negócios, o criador de conteúdo precisa de um "plano de conteúdo". O mercado digital é altamente competitivo, e sem um roteiro claro, é fácil se perder, mudar de direção constantemente e, eventualmente, desistir.

Parar para planejar significa pensar no seu conteúdo de forma estratégica. Antes de gravar o primeiro vídeo ou escrever o primeiro post, você deve ter uma ideia clara sobre a mensagem que deseja transmitir, o público que quer atingir e os objetivos que deseja alcançar. Sem essa base, o conteúdo se torna desorganizado e inconsistente, afastando o público em vez de atraí-lo.

Identificando Seu Nicho de Mercado:

O primeiro passo na criação de uma estratégia de conteúdo é identificar o seu nicho de mercado. Um erro comum entre novos criadores é tentar falar para "todo mundo", o que acaba resultando em conteúdo genérico que não ressoa com ninguém. Para se destacar, você precisa ser específico.

O nicho é o tema ou conjunto de temas em que você se especializará. Isso envolve escolher um tópico que você conheça bem, pelo qual tenha paixão e, principalmente, que tenha demanda. Não adianta ser expert em algo se não há um público interessado nisso. Ao escolher um nicho, você deve considerar três fatores principais:

Paixão e expertise: Você deve gostar e entender do que está falando. Criar conteúdo regularmente pode ser desgastante se você não tiver uma conexão pessoal com o tema.

Demanda de mercado: Seu público deve estar interessado no conteúdo que você produz. Utilize ferramentas como Google Trends, YouTube Analytics ou até pesquisas nas redes sociais para descobrir o que está em alta no momento.

Concorrência: Alguns nichos são altamente saturados, e é difícil se destacar. Embora não seja impossível entrar em nichos competitivos, pode ser mais vantajoso encontrar um segmento menos explorado ou se diferenciar dentro de um nicho popular.

Por exemplo, se você gosta de esportes, em vez de falar de "futebol" de maneira geral (um mercado altamente saturado), pode criar conteúdo sobre "treinamento físico para iniciantes no futebol" ou "dicas táticas para goleiros amadores". Ao ser específico, você atinge um público mais engajado e facilita a construção de uma audiência fiel.

A Importância de uma Persona de Público-Alvo:

Depois de definir seu nicho, o próximo passo é entender para quem você está criando conteúdo. Quem é o seu público-alvo? Muitas vezes, isso é negligenciado, mas é crucial para direcionar suas mensagens de maneira eficaz.

Criar uma persona é uma ótima maneira de definir seu público. A persona é um personagem fictício que representa o seu seguidor ideal. Ela inclui informações como idade, gênero, localização, interesses, dores, desejos e comportamentos. Quanto mais detalhada for sua persona, mais fácil será criar conteúdo que ressoe com esse público.

Por exemplo, se seu conteúdo é sobre "saúde e bem-estar", sua persona pode ser algo como:

Nome: Clara

Idade: 30 anos

Profissão: Analista de marketing

Interesse: Dietas veganas, meditação, yoga...

Problema: Quer aprender a viver de forma mais saudável, mas tem pouco tempo para preparar refeições e não sabe por onde começar.

Com uma persona clara em mente, você pode criar conteúdos voltados especificamente para as necessidades e desejos desse público. Isso cria uma conexão mais forte, pois o seguidor sente que você está falando diretamente com ele.

Analisando a Concorrência: Como se Diferenciar?

Independentemente do nicho que você escolher, haverá outros criadores de conteúdo fazendo algo semelhante. Isso não é necessariamente ruim. A concorrência prova que há demanda para o seu tema. No entanto, você precisa encontrar maneiras de se destacar.

O primeiro passo para analisar a concorrência é identificar os principais criadores no seu nicho. Veja o que eles estão fazendo, como interagem com o público e quais tipos de conteúdo são mais populares. Use isso como ponto de partida, mas não como um modelo para copiar. Sua tarefa é encontrar o que eles ainda não estão fazendo ou explorar aspectos que eles não abordam tão bem.

Algumas maneiras de se diferenciar incluem:

Tonalidade única: Você pode abordar o mesmo tema, mas com um tom de voz diferente. Se a maioria dos criadores do seu nicho tem um estilo sério, você pode ser mais descontraído ou vice-versa.

Formato do conteúdo: Se a maioria dos criadores faz vídeos longos, experimente vídeos curtos. Se todos estão no Instagram, considere explorar o YouTube ou o TikTok.

Experiência pessoal: Suas próprias experiências podem ser uma fonte poderosa de diferenciação. Use suas histórias e vivências para se conectar com o público de maneira única.

Diferenciar-se não é apenas uma questão de ser "diferente por ser diferente", mas sim de oferecer algo de valor que os outros não estão entregando.

Definindo Metas Claras:

Para qualquer criador de conteúdo que deseja monetizar seu trabalho, é essencial definir metas claras. Sem objetivos específicos, seu progresso será difícil de medir, e você pode acabar desanimando ao não ver resultados imediatos.

Suas metas podem variar desde aumentar o número de seguidores, melhorar o engajamento ou conseguir acordos de patrocínio. No entanto, elas devem sempre seguir a metodologia SMART, ou seja:

Específicas: O que exatamente você quer alcançar? ("Aumentar meu número de seguidores no YouTube para 10.000")

Mensuráveis: Como você medirá o progresso? ("Quero crescer 2.000 seguidores por mês")

Atingíveis: A meta é realista? ("Com as estratégias de crescimento e os conteúdos planejados, acredito ser possível")

Relevantes: A meta faz sentido dentro do contexto maior do seu projeto? ("Aumentar minha base de seguidores é crucial para conseguir monetizar via AdSense e parcerias")

Temporizáveis: Em quanto tempo você pretende atingir essa meta? ("A meta é chegar a 10.000 seguidores em 5 meses")

Além de definir metas de crescimento, você também deve estabelecer objetivos para monetização. Isso pode incluir conseguir o primeiro patrocínio em seis meses, alcançar 4.000 horas de exibição no YouTube para se qualificar para o programa de monetização ou lançar um curso online depois de construir uma audiência fiel.

Criando um Calendário de Conteúdo:

Uma das melhores formas de garantir consistência e organização no seu trabalho como criador de conteúdo é criar um calendário editorial. Isso envolve planejar com antecedência o que será postado, em qual formato e em qual plataforma.

Um calendário ajuda a manter a frequência de postagens, algo fundamental para manter o engajamento do público. Ele também permite que você se prepare melhor, garantindo que o conteúdo tenha qualidade e que esteja alinhado com os temas mais relevantes para seu público.

No planejamento do seu calendário, leve em consideração:

Datas importantes: Marque datas significativas no seu nicho, como eventos, feriados ou tendências sazonais.

Mantenha-se realista e consistente.

Tipos de conteúdo: Varie o formato de posts, intercalando entre vídeos, stories, posts escritos ou lives.

Um bom calendário não precisa ser rígido, mas deve oferecer uma estrutura que ajude você a manter o foco e a consistência.

PENSE: DESENVOLVENDO CONTEÚDO VALIOSO

Depois de parar para planejar sua estratégia, é hora de pensar no que realmente importa: o conteúdo. A criação de conteúdo valioso é o coração de uma carreira de sucesso nas plataformas digitais. Isso significa criar materiais que não apenas atraiam a atenção, mas que envolvam, inspirem e ofereçam valor real ao seu público. Criar por criar não é suficiente; seu conteúdo precisa impactar positivamente os espectadores, leitores ou seguidores, oferecendo algo que agregue às suas vidas.

O que é Conteúdo Valioso?

Conteúdo valioso é aquele que educa, entretém ou inspira seu público de forma genuína e autêntica. Quando as pessoas interagem com esse tipo de conteúdo, elas se sentem mais conectadas a você como criador, e é isso que as mantém voltando para consumir mais. Além disso, conteúdos valiosos têm maior probabilidade de serem compartilhados, o que amplifica seu alcance orgânico.

Na prática, o valor do conteúdo pode variar dependendo do nicho e do público. Para alguns, valor pode significar informações educativas ou dicas práticas. Para outros, pode ser um entretenimento puro e simples, uma forma de escapismo ou humor. Por isso, é importante entender o que o seu público quer e precisa, adaptando seu conteúdo de acordo.

Como Criar Conteúdo Relevante: O que seu público quer ver?

O segredo para criar conteúdo relevante é sempre manter o público em mente. Uma das piores coisas que um criador pode fazer é desenvolver conteúdo baseado unicamente em seus próprios interesses, sem considerar o que seu público realmente quer ou precisa. O equilíbrio está em encontrar uma interseção entre o que você ama fazer e o que sua audiência está buscando.

Para saber o que seu público quer, você pode utilizar algumas estratégias:

Pesquisas e enquetes: Plataformas como Instagram e YouTube permitem que você faça perguntas diretas ao seu público através de enquetes nos stories ou na aba de comunidade. Pergunte o que eles gostariam de ver ou quais problemas eles enfrentam no seu nicho.

Análise de comentários e feedbacks: Preste atenção nos comentários que seus vídeos ou postagens recebem. Muitas vezes, seus seguidores irão sugerir temas ou fazer perguntas que podem ser transformadas em conteúdos futuros.

Estudo de concorrência: Veja o que os grandes criadores do seu nicho estão fazendo. Quais são os vídeos mais populares? Que tipos de postagens estão gerando mais engajamento? Isso pode oferecer insights sobre os interesses do público.

Outro aspecto crucial para garantir que seu conteúdo seja relevante é estar sempre atualizado com as tendências do seu nicho. Plataformas como Google Trends e redes sociais podem ajudar você a identificar o que está em alta. No entanto, tenha cuidado ao seguir tendências: é importante adaptar as ideias à sua própria voz e nicho, para que o conteúdo continue autêntico e alinhado com sua audiência.

Storytelling e Autenticidade: O poder das histórias pessoais:

No mundo digital, onde a concorrência é intensa e as opções de conteúdo são infinitas, storytelling é uma das ferramentas mais poderosas que um criador de conteúdo pode usar. Contar histórias não só mantém seu público engajado, mas também permite que você crie uma conexão emocional com ele. E, mais importante, as histórias tornam você e seu conteúdo memoráveis.

Quando falamos de storytelling, estamos nos referindo a como você estrutura e compartilha suas experiências ou a maneira como apresenta uma ideia. As pessoas amam histórias porque elas se conectam a níveis emocionais mais profundos. No entanto, não é qualquer tipo de narrativa que funciona — as histórias que você conta devem ser autênticas.

A autenticidade é um dos maiores diferenciais no mundo digital. As pessoas são atraídas por criadores que parecem genuínos, que falam com honestidade e transparência. A falsidade é rapidamente detectada e pode afastar seu público. Isso significa que você não deve tentar ser outra pessoa ou copiar a personalidade de criadores populares; o que realmente ressoa com o público é a sua própria perspectiva e voz.

Exemplos de storytelling eficaz incluem compartilhar desafios pessoais que você superou no seu nicho, narrar sua trajetória até alcançar determinado resultado ou falar sobre aprendizados de momentos difíceis. Esses tipos de histórias são universais e podem tocar seu público, independentemente do conteúdo específico que você cria.

Ferramentas para Criar Vídeos Curtos Impactantes:

Com o aumento da popularidade dos vídeos curtos em plataformas como TikTok, Reels do Instagram e Shorts do YouTube, é essencial dominar algumas ferramentas e técnicas para garantir que esses vídeos sejam dinâmicos, atrativos e impactantes. Felizmente, a criação de vídeos curtos não exige equipamentos caros ou softwares complicados.

Aqui estão algumas ferramentas essenciais:

Aplicativos de edição de vídeo:

- CapCut: Um dos editores mais populares entre criadores de vídeos curtos. O CapCut é fácil de usar e permite adicionar música, efeitos, transições e texto de maneira prática.
- InShot: Outro editor de vídeo que oferece uma interface simples e recursos robustos, como cortes, ajustes de velocidade, efeitos de transição e filtros.
- KineMaster: Uma ferramenta mais avançada que permite editar com múltiplas camadas, além de oferecer uma variedade de efeitos visuais e sonoros.

Banco de músicas e efeitos sonoros:

- Epidemic Sound: Oferece uma vasta biblioteca de músicas e efeitos sonoros isentos de direitos autorais, perfeitos para vídeos de YouTube, Instagram e TikTok.
- Artlist: Outra plataforma que oferece músicas de alta qualidade para seus vídeos curtos, com uma licença simples e fácil de entender.

Acessórios para celular:

- Gimbal: Um estabilizador de imagem que ajuda a capturar vídeos suaves e sem tremores, ideal para criadores que gravam conteúdos em movimento.

- Luz de anel (Ring Light): Iluminação é crucial para garantir que seus vídeos tenham qualidade profissional, especialmente se você grava em ambientes com pouca luz.

Dominar essas ferramentas não só ajudará a elevar a qualidade do seu conteúdo, mas também a otimizar o tempo de produção, tornando o processo mais fluido e eficiente.

Como Utilizar Hashtags, Títulos e Descrições Eficazes:

As hashtags, títulos e descrições são os "cartazes de entrada" do seu conteúdo. Eles são responsáveis por atrair cliques, visualizações e, consequentemente, novos seguidores. Dominar o uso dessas ferramentas é essencial para garantir que seu conteúdo tenha um alcance maior.

- Hashtags: No Instagram, TikTok e até no YouTube, o uso de hashtags adequadas pode aumentar muito o alcance do seu conteúdo. É importante pesquisar quais hashtags são populares no seu nicho e quais são as mais relevantes para o conteúdo que você está postando. Uma boa combinação entre hashtags populares e hashtags de nicho pode maximizar a visibilidade do seu post.
- Títulos: O título de um vídeo ou post precisa ser cativante e informativo. Ele deve despertar a curiosidade sem ser clickbait, ou seja, deve entregar exatamente o que está prometendo. Use palavras-chave que seu público está

buscando, mas de maneira criativa.

- Descrições: As descrições dão mais contexto ao seu conteúdo e podem incluir informações adicionais, como links para outros vídeos, postagens relacionadas, produtos afiliados, etc. No YouTube, as primeiras linhas da descrição são as mais importantes, pois aparecem nas buscas e ajudam a melhorar o SEO (Search Engine Optimization) do vídeo.

A Importância da Consistência e Qualidade Visual:

Para construir uma audiência fiel e engajada, é essencial ser consistente em suas postagens. A consistência não se refere apenas à frequência com que você publica, mas também à qualidade e ao estilo do conteúdo. O público quer saber o que esperar de você, e quando você entrega conteúdo de qualidade de forma regular, eles tendem a voltar e a interagir com seu trabalho.

No entanto, consistência não pode vir à custa da qualidade. Publicar apenas por publicar não é uma boa estratégia. Cada postagem deve manter um nível de excelência que atenda ou supere as expectativas do público. Isso inclui prestar atenção à qualidade visual do seu conteúdo, seja nas imagens, nos vídeos ou até na apresentação geral dos posts.

Investir em uma boa câmera, iluminação e áudio são os primeiros passos para melhorar a qualidade dos seus vídeos. No entanto, muitas vezes, o que faz a maior diferença é a atenção aos detalhes: a edição cuidadosa, a escolha de boas miniaturas (no caso de vídeos), o uso de cores e fontes consistentes, e a estética geral que reflete sua marca pessoal.

Como o Algoritmo Influencia o Alcance do Conteúdo:

Um fator importante que afeta o alcance e o sucesso do seu conteúdo é o algoritmo da plataforma em que você está postando. Cada rede social tem um algoritmo próprio, que determina quais postagens aparecem com mais frequência no feed dos usuários.

No YouTube, por exemplo, o algoritmo valoriza vídeos que conseguem reter a atenção por longos períodos. Isso significa que quanto mais tempo as pessoas assistem seus vídeos, maior a chance de eles serem recomendados a outros usuários. Já no Instagram e no TikTok, o engajamento inicial, como curtidas e comentários, desempenha um papel crucial para garantir que o conteúdo seja mostrado para mais pessoas. Portanto, entender como cada plataforma funciona pode ajudar você a criar conteúdo que tenha mais chances de ser amplamente distribuído.

Aqui estão algumas dicas de como trabalhar com os algoritmos das principais plataformas:

- YouTube: O algoritmo do YouTube valoriza retenção (quantas pessoas assistem seus vídeos até o final) e tempo total de exibição. Isso significa que, se seu conteúdo mantiver os espectadores assistindo por mais tempo, ele será recomendado a mais usuários. Além disso, vídeos com uma boa taxa de cliques na miniatura (CTR) também tendem a ser priorizados.

Para aumentar a retenção, você pode usar uma introdução forte, criar narrativas envolventes e evitar longas pausas ou momentos de monotonia no vídeo. Títulos cativantes e miniaturas atraentes também aumentam a chance de o público clicar no seu vídeo, melhorando o CTR.

- Instagram: O algoritmo do Instagram prioriza engajamento — quanto mais curtidas, comentários, compartilhamentos e salvamentos um post recebe, mais ele será exibido para outras pessoas. Além disso, os Reels têm sido uma grande prioridade para a plataforma, então produzir vídeos curtos com tendência de viralização pode ajudar a aumentar seu alcance.

Para trabalhar bem com o algoritmo do Instagram, tente postar nos horários em que seu público está mais ativo, use hashtags relevantes e incentive interações nos seus posts (como perguntas no final da legenda).

- TikTok: O algoritmo do TikTok é altamente orientado pelo comportamento dos usuários, como a quantidade de tempo que as pessoas gastam assistindo aos vídeos e a frequência com que eles são assistidos até o final. Conteúdos que geram watch time (tempo assistido) e replays tendem a ser promovidos para mais pessoas. Além disso, o TikTok valoriza vídeos que recebem engajamento rápido nas primeiras horas de postagem.

Para tirar proveito disso, foque em criar vídeos curtos e dinâmicos que prendam a atenção nos primeiros segundos. Usar áudios e músicas em tendência também pode ajudar seu vídeo a ser impulsionado.

- Twitter/X: No caso do Twitter (atualmente conhecido como X), o algoritmo favorece tweets que recebem engajamento rápido, como respostas, retweets e curtidas. Discussões e debates tendem a atrair atenção, então fazer perguntas provocativas ou comentar sobre tópicos do momento pode gerar mais interação.

Para trabalhar com o algoritmo da plataforma, é importante ser ativo e participar de conversas relevantes no seu nicho, usar hashtags populares e publicar conteúdo em formato de thread, que incentiva o engajamento contínuo.

O Poder do Conteúdo Evergreen:

Nem todo conteúdo que você cria precisa ser atrelado a tendências ou eventos do momento. Um dos segredos para a longevidade no mundo da criação de conteúdo é investir no que chamamos de conteúdo evergreen — ou seja, aquele que continua sendo relevante e útil com o passar do tempo.

Enquanto conteúdos baseados em tendências têm uma vida útil curta, o conteúdo evergreen mantém seu valor independentemente do tempo. Isso significa que, meses ou até anos depois de publicado, ele ainda pode gerar visualizações, engajamento e receita.

Exemplos de conteúdo evergreen incluem:

Tutoriais passo a passo;

Dicas práticas que não mudam com o tempo;

Guias completos sobre um tema específico;

Resenhas detalhadas de produtos que continuam sendo populares.

Ao criar esse tipo de conteúdo, você está construindo uma biblioteca de valor que pode gerar resultados consistentes por um longo período, sem a necessidade de atualizações constantes.

Monetizando seu Conteúdo: Formas Diretas e Indiretas

A monetização é, muitas vezes, o principal objetivo dos criadores de conteúdo. Existem várias maneiras de ganhar dinheiro com conteúdo digital, e é importante entender as opções disponíveis para escolher as que fazem mais sentido para você.

Monetização Direta:

Programas de parceiros (como o AdSense do YouTube): Depois de alcançar certos requisitos, você pode se inscrever para programas de monetização oferecidos pelas próprias plataformas. No YouTube, por exemplo, é necessário atingir 1.000 inscritos e 4.000 horas de exibição para começar a receber receita de anúncios.

Assinaturas e clubes de membros: Algumas plataformas, como YouTube e Twitch, permitem que seus seguidores se tornem membros pagantes, oferecendo conteúdos exclusivos em troca de uma assinatura mensal.

Super Chats e Presentes Virtuais: No YouTube, TikTok e outras plataformas de lives, seguidores podem enviar doações diretamente para você durante transmissões ao vivo.

Monetização Indireta:

Marketing de afiliados: Promover produtos ou serviços de outras empresas e ganhar uma comissão por cada venda realizada através de um link de afiliado. Programas de afiliados são comuns em plataformas como Amazon, Hotmart, Monetizze e outras.

Patrocínios e parcerias: Marcas podem pagar diretamente por menções ou reviews de produtos, desde que seu conteúdo tenha um público relevante para o mercado delas.

Venda de produtos ou serviços próprios: Muitos criadores de conteúdo optam por desenvolver seus próprios produtos, como cursos online, e-books, ou mercadorias, e os vendem diretamente para seus seguidores.

Ao diversificar suas fontes de monetização, você pode aumentar sua receita e criar uma carreira mais sustentável no longo prazo.

Desenvolvendo uma Marca Pessoal Forte

No mercado digital, sua marca pessoal é o que te diferencia da concorrência. Criar uma marca forte significa estabelecer uma identidade reconhecível e única, que se conecte de maneira genuína com seu público. Isso envolve desde a estética visual dos seus vídeos ou posts até o tom de voz que você usa para se comunicar.

Alguns pontos importantes para desenvolver sua marca pessoal incluem:

Consistência Visual: Use um esquema de cores, tipografia e elementos gráficos que representem sua identidade em todas as plataformas.

Tom de Voz: Seu tom deve refletir sua personalidade, seja ele mais formal, descontraído, engraçado ou educacional. Isso cria uma conexão mais profunda com seu público.

Propósito: Tenha uma missão clara por trás do que você faz. Quando o público percebe que há um propósito maior no seu trabalho, como educar, inspirar ou ajudar, eles tendem a se identificar mais com sua marca.

Monetize: Como Transformar Seguidores em Receita

Depois de estabelecer uma audiência e desenvolver uma presença consistente nas plataformas digitais, o próximo passo é transformar essa base de seguidores em receita. O que muitos criadores iniciantes não percebem é que o público, por si só, não gera renda. O segredo está em como você transforma essa atenção e engajamento em dinheiro. Vamos explorar várias estratégias e táticas que você pode usar para monetizar sua presença online, independentemente da plataforma.

O Fundamento da Monetização: Entenda seu Público

Antes de mergulharmos nas diferentes formas de monetizar, é importante reforçar um ponto crucial: conheça o seu público. Cada audiência tem suas próprias necessidades, interesses e comportamentos de compra. Quanto mais você entende seu público, melhor será sua capacidade de oferecer produtos, serviços ou conteúdos que realmente agreguem valor e, consequentemente, gerem receita.

Aqui estão algumas perguntas que você deve considerar:

O que meu público realmente valoriza? Se seu público está mais interessado em aprendizado e educação, talvez eles estejam mais dispostos a comprar cursos ou e-books. Se buscam entretenimento, podem preferir mercadorias ou eventos ao vivo.

Qual a faixa etária e poder aquisitivo do meu público? Se você tem uma audiência mais jovem e com menor poder de compra, pode ser mais interessante apostar em microtransações ou produtos de preço mais acessível.

Onde meu público se engaja mais? Identificar onde o seu público mais interage — seja no Instagram, YouTube, TikTok ou outra plataforma — pode ajudar a direcionar suas estratégias de monetização para o local certo.

A partir dessas informações, você pode criar uma estratégia de monetização personalizada, que não só maximize sua receita, mas também fortaleça a conexão entre você e sua audiência.

Programas de Monetização das Plataformas

Muitas plataformas digitais oferecem seus próprios programas de monetização, que permitem que os criadores ganhem dinheiro diretamente com o conteúdo que produzem. Abaixo, detalhamos os principais programas das plataformas mais populares.

YouTube Partner Program (Programa de Parcerias do YouTube): O YouTube oferece várias formas de monetizar o conteúdo, desde anúncios até super chats e adesões ao canal. Para se qualificar para o Programa de Parcerias, você precisa atingir alguns critérios básicos:

Ter ao menos 1.000 inscritos e 4.000 horas de exibição nos últimos 12 meses.

Cumprir as diretrizes de conteúdo adequado para anunciantes.

As formas de monetização no YouTube incluem:

Receita de anúncios: Ganhos com anúncios exibidos antes, durante ou após seus vídeos.

Super Chat: Durante transmissões ao vivo, seus seguidores podem pagar para que seus comentários apareçam em destaque.

Assinaturas de canal: O YouTube permite que criadores ofereçam assinaturas pagas, em troca de conteúdos ou benefícios exclusivos.

Instagram: O Instagram tem diversificado suas opções de

monetização nos últimos anos. Aqui estão as principais maneiras de ganhar dinheiro diretamente na plataforma:

Inscrições Pagas: Criadores podem oferecer conteúdo exclusivo por meio de assinaturas mensais, permitindo que seguidores tenham acesso a posts, stories e vídeos dedicados a esse grupo restrito.

Presentes nos Reels: Uma função que permite aos fãs enviarem "presentes" digitais aos criadores enquanto assistem a Reels, que são convertidos em dinheiro.

Colaborações de marcas: Instagram permite que você faça posts patrocinados diretamente na plataforma, marcando as marcas envolvidas e indicando a parceria para seus seguidores.

TikTok: No TikTok, a monetização também está em expansão, com várias opções para criadores:

Fundo de Criadores: TikTok paga criadores populares com base no engajamento e no número de visualizações dos seus vídeos. Para ser elegível, você precisa ter pelo menos 10 mil seguidores e 100 mil visualizações nos últimos 30 dias.

Presentes e Diamantes: Durante transmissões ao vivo, seguidores podem enviar presentes virtuais que podem ser convertidos em "diamantes", uma moeda virtual que pode ser trocada por dinheiro real.

Marketplace de Criadores: O TikTok facilita parcerias entre marcas e criadores, permitindo que você seja pago para promover produtos ou serviços.

Twitch: Embora seja conhecida principalmente como uma plataforma de streaming para gamers, o Twitch oferece várias opções de monetização para criadores de todos os tipos:

Assinaturas: Os espectadores podem se inscrever

no seu canal por um valor mensal, oferecendo suporte financeiro em troca de benefícios exclusivos.

Doações: Os seguidores podem fazer doações diretas durante as transmissões.

Bits: Uma moeda virtual que os espectadores compram para mostrar apoio durante as transmissões, enviando emojis especiais e comentários em destaque.

Monetização Indireta: Marketing de Afiliados

Se você ainda não tem uma audiência grande o suficiente para ativar os programas de monetização diretos das plataformas, o marketing de afiliados pode ser uma ótima opção para começar a ganhar dinheiro. No marketing de afiliados, você promove produtos ou serviços de outras empresas e ganha uma comissão por cada venda que é feita através do seu link exclusivo.

Programas de Afiliados Populares:

Amazon Afiliados: Um dos maiores programas de afiliados do mundo. Você pode promover qualquer produto vendido na Amazon e receber uma porcentagem da venda.

Hotmart: Popular no Brasil, o Hotmart é uma plataforma voltada para produtos digitais, como cursos e e-books. Criadores podem se afiliar a produtos e ganhar comissões pelas vendas realizadas.

Monetizze: Semelhante ao Hotmart, a Monetizze também permite que você promova produtos digitais de terceiros e receba comissões pelas vendas.

Para ter sucesso no marketing de afiliados, é importante promover produtos que realmente ressoem com sua audiência. Não se trata apenas de inserir links aleatoriamente — é necessário construir confiança e garantir que o produto oferecido seja relevante para o seu público.

Parcerias com Marcas: Como Fechar Bons Contratos

Uma das formas mais lucrativas de monetização indireta é através de parcerias com marcas. À medida que sua audiência cresce, você pode ser abordado por marcas interessadas em pagar por espaço publicitário nos seus vídeos, posts ou stories. Ou, em alguns casos, você mesmo pode se aproximar de marcas relevantes.

Aqui estão algumas dicas para fechar boas parcerias com marcas:

Proposta de Valor: Antes de se aproximar de uma marca, tenha uma clara compreensão do que você oferece. Isso inclui seu alcance, o tipo de público que você atinge, e como seu conteúdo pode beneficiar a empresa.

Seja Seletivo: Não feche parceria com qualquer marca. É importante que os produtos ou serviços que você promove estejam alinhados com sua audiência. Parcerias desonestas ou irrelevantes podem prejudicar sua credibilidade e afastar seus seguidores.

Contrato Justo: Ao fechar um contrato com uma marca, é essencial que você tenha um acordo claro por escrito. O contrato deve incluir detalhes sobre o conteúdo que você vai criar, como será promovido, prazos de entrega e, claro, o valor que você vai receber.

Lembre-se: uma boa parceria com uma marca é aquela em que ambos os lados ganham. A marca deve alcançar seu público-alvo de maneira eficaz, e você, como criador, deve ser compensado de forma justa pelo trabalho que realiza.

Vendendo seus Próprios Produtos ou Serviços

Além de promover produtos de terceiros, muitos criadores encontram sucesso vendendo seus próprios produtos ou serviços. Isso pode incluir uma vasta gama de opções, desde mercadorias físicas até produtos digitais.

Produtos Digitais: Se você tem conhecimento em uma área específica, pode criar e vender cursos online, e-books ou planilhas que ajudem seu público a resolver problemas específicos. Plataformas como Hotmart, Eduzz e Udemy facilitam a criação e venda desses produtos.

Mercadorias (Merch): À medida que você cresce como influenciador, seus seguidores podem querer apoiar você comprando produtos com sua marca. Isso pode incluir camisetas, canecas, bonés ou outros itens personalizados.

Consultorias e Serviços: Se você é especialista em um nicho específico, pode oferecer serviços de consultoria ou mentoria pagos. Criadores que trabalham com fitness, marketing digital, design, entre outros, muitas vezes conseguem uma boa renda oferecendo sessões individuais ou em grupo

Criar e vender seus próprios produtos permite que você tenha controle total sobre sua marca e as receitas geradas. No entanto, também exige um bom planejamento, já que envolve mais responsabilidades em termos de criação, atendimento ao cliente e logística (no caso de produtos físicos).

Crowdfunding e Financiamento Coletivo

Se você está planejando um grande projeto, como a produção de um documentário, livro ou até mesmo uma série de vídeos mais elaborada, plataformas de crowdfunding podem ser uma solução para financiar seu trabalho. Sites como Kickstarter, Catarse e Apoia.se permitem que você arrecade fundos diretamente de seus seguidores e apoiadores em troca de recompensas exclusivas, como acesso antecipado ao conteúdo, produtos personalizados, ou até mesmo um agradecimento nos créditos de seu projeto.

Crowdfunding é uma excelente maneira de financiar grandes ideias ou projetos que você normalmente não teria recursos para realizar por conta própria. Além disso, pode servir como uma forma de testar o interesse do público antes de investir tempo e energia em algo maior. Aqui estão algumas estratégias para uma campanha de crowdfunding bem-sucedida:

Defina um objetivo claro: Especifique exatamente para o que o dinheiro será usado. Se as pessoas sentirem que seu projeto é genuíno e transparente, estarão mais inclinadas a apoiar.

Ofereça recompensas atrativas: Dependendo da quantia que as pessoas doarem, ofereça diferentes níveis de recompensas. Isso pode incluir acesso antecipado, participação no projeto ou até mesmo itens físicos.

Crie uma narrativa envolvente: Conte a história do seu projeto de forma apaixonada. As pessoas gostam de apoiar criadores que estão comprometidos com sua visão.

Mantenha os apoiadores
informados: Durante toda a
campanha, mantenha seus
apoiadores atualizados sobre o
progresso, mostrando que o
projeto está avançando e que
suas contribuições estão sendo
usadas de maneira eficaz.

Criando Múltiplas Fontes de Renda

Ao longo desta seção, vimos várias formas de monetização, tanto diretas quanto indiretas. Uma das melhores estratégias para garantir a sustentabilidade financeira como criador de conteúdo é não depender de uma única fonte de receita. Diversificar suas fontes de renda é essencial para reduzir riscos e aumentar seu potencial de ganhos.

Aqui estão algumas maneiras de combinar essas opções para criar múltiplas fontes de renda:

YouTube + Marketing de Afiliados: Você pode criar vídeos no YouTube enquanto promove produtos afiliados nos seus vídeos. Por exemplo, se você tem um canal de tecnologia, pode fazer reviews de produtos e incluir links de afiliados na descrição.

Instagram + Parcerias com Marcas: No Instagram, você pode fechar parcerias com marcas para posts patrocinados e, ao mesmo tempo, vender seus próprios produtos, como cursos online ou consultorias.

TikTok + Crowdfunding: Se você está crescendo no TikTok, pode combinar o Fundo de Criadores do TikTok com uma campanha de crowdfunding para financiar projetos maiores, como uma série de vídeos ou um documentário.

Twitch + Mercadorias: Se você faz lives no Twitch, além de ganhar dinheiro com assinaturas e doações, pode vender mercadorias exclusivas para seus seguidores mais fiéis.

Ao criar múltiplas fontes de renda, você protege sua carreira contra as incertezas que podem surgir, como mudanças nos algoritmos das plataformas ou a diminuição de uma fonte de receita. Além disso, oferece uma base sólida para crescimento financeiro a longo prazo.

Dicas para Maximizar seus Ganhos

Para finalizar esta seção sobre monetização, aqui estão algumas dicas práticas que podem ajudar a maximizar seus ganhos como criador de conteúdo:

Construa uma audiência fiel: O tamanho da sua audiência é importante, mas a lealdade e o engajamento são ainda mais. Criadores com uma audiência menor, mas extremamente fiel, podem ganhar tanto quanto ou mais que aqueles com milhões de seguidores, mas com pouco engajamento.

Teste diferentes formatos de conteúdo: Não tenha medo de experimentar. Teste diferentes tipos de conteúdo para ver o que ressoa mais com seu público. Alguns formatos, como vídeos curtos, podem ter melhor desempenho em plataformas específicas e gerar mais visualizações e, consequentemente, mais receita.

Aprenda a negociar: Quando fechar contratos com marcas, aprenda a valorizar seu trabalho e a negociar um valor justo. Muitas vezes, as marcas oferecerão um valor mais baixo inicialmente, mas se você souber apresentar seu valor de forma convincente, pode garantir acordos mais lucrativos.

Acompanhe as tendências: Esteja sempre atento às mudanças nas plataformas e nas preferências do público. Por exemplo, a ascensão dos vídeos curtos (como os Reels do Instagram e os TikToks) foi uma grande oportunidade para criadores que conseguiram se adaptar rapidamente.

Reinvista em si mesmo: À medida que você começa a gerar receita, reinvista parte do seu lucro no desenvolvimento do seu conteúdo e marca. Isso pode incluir melhorar a qualidade de seus vídeos, comprar equipamentos melhores, ou até contratar uma equipe para ajudar com a edição e gestão de redes sociais.

Monetizar seu conteúdo digital é tanto uma arte quanto uma ciência. Envolve criatividade, planejamento estratégico e um profundo entendimento do seu público. Ao longo desta seção, exploramos várias maneiras de transformar seu conteúdo em receita — desde programas de parceiros de plataformas, marketing de afiliados, parcerias com marcas, até a venda de produtos e serviços próprios.

A chave para o sucesso financeiro no mundo digital é diversificação. Criar várias fontes de receita, construir uma audiência engajada e estar sempre atento às novas oportunidades de monetização são passos essenciais para garantir um fluxo de renda constante e sustentável. Agora que você tem uma visão clara de como monetizar seu conteúdo, é hora de aplicar essas estratégias e transformar sua paixão pela criação de conteúdo em uma carreira rentável.

Estratégias Avançadas: Otimização, Crescimento e Branding

Ao longo das seções anteriores, cobrimos os fundamentos para começar a criar conteúdo e monetizar suas plataformas. No entanto, para se destacar em um mercado cada vez mais competitivo, é necessário ir além das táticas básicas. Esta seção vai aprofundar as estratégias avançadas de otimização, crescimento e branding que podem acelerar seu sucesso, expandir sua audiência e solidificar sua presença como criador de conteúdo digital.

A Importância da Otimização: SEO para Conteúdo de Vídeo e Social Media

A otimização para motores de busca (SEO) não é exclusiva para blogs e sites. No ambiente digital atual, a otimização de conteúdo de vídeo e redes sociais é crucial para melhorar o desempenho e aumentar sua visibilidade. Seja no YouTube, Instagram, TikTok ou qualquer outra plataforma, as práticas de SEO podem fazer a diferença entre o sucesso e o fracasso de uma postagem.

YouTube SEO: O YouTube é o segundo maior motor de busca do mundo, logo atrás do Google. Isso significa que a forma como você otimiza seus vídeos pode ter um impacto significativo em quantas pessoas visualizam seu conteúdo. Aqui estão algumas dicas para otimizar seus vídeos no YouTube:

Palavras-chave: Faça uma pesquisa de palavras-chave para entender quais termos seu público está buscando. Use essas palavras-chave no título, descrição e tags do vídeo.

Título Atrativo e Descritivo: Seu título deve ser envolvente, mas também conter as palavras-chave principais que descrevem seu vídeo.

Descrição Completa: Use a descrição para incluir mais informações sobre o vídeo. Isso não só ajuda o YouTube a entender do que se trata o seu conteúdo, mas também oferece uma oportunidade para incluir links relevantes, como redes sociais ou produtos afiliados.

Miniaturas Personalizadas: Miniaturas são responsáveis por atrair cliques. Crie imagens chamativas e relevantes que incentivem os usuários a clicar em seus vídeos.

Engajamento: O YouTube valoriza vídeos que geram comentários, curtidas e compartilhamentos. Incentive o engajamento pedindo aos seus espectadores para comentar e interagir com o conteúdo.

Instagram SEO: Embora o Instagram não seja tradicionalmente visto como uma plataforma de busca, ele está implementando cada vez mais funcionalidades de pesquisa dentro do aplicativo. Aqui estão algumas maneiras de otimizar seu conteúdo no Instagram:

Hashtags Relevantes: Utilize hashtags que são relevantes para seu nicho, mas evite exagerar. É preferível usar hashtags que realmente se conectem com seu conteúdo do que apostar em tags genéricas e superpopulares.

Texto Alternativo (Alt Text): O Instagram agora permite que você adicione texto alternativo às suas imagens. Isso ajuda na acessibilidade e também na otimização para busca, já que o texto alternativo é utilizado para descrever o conteúdo das imagens.

Geotags e Marcadores: Se seu conteúdo estiver relacionado a um local específico, use geotags para aumentar sua visibilidade. Além disso, marque perfis relevantes (como empresas ou colaboradores) para aumentar a chance de reposts.

TikTok SEO: O TikTok, por ser uma plataforma de vídeos curtos altamente baseada em algoritmos, oferece uma oportunidade única de viralizar rapidamente. Para otimizar seu conteúdo no TikTok:

Desafios e Tendências: Participar de desafios e usar músicas populares pode aumentar significativamente suas chances de ser descoberto.

Palavras-chave nos Primeiros Segundos: No TikTok, os primeiros segundos são cruciais. Mencione suas palavras-chave logo no início do vídeo, seja por meio de texto ou falado, para que o algoritmo entenda rapidamente o tema.

Descrição e Hashtags: Use hashtags que estejam em alta e sejam relevantes para o seu nicho. Assim como no Instagram, use de forma estratégica e não exagere no número de hashtags.

Acelerando o Crescimento com Growth Hacking

Para muitos criadores de conteúdo, o crescimento orgânico pode ser lento. Growth hacking é uma metodologia que envolve a experimentação rápida e criativa para encontrar as maneiras mais eficazes de acelerar o crescimento. Isso exige tanto uma compreensão técnica quanto uma mentalidade de inovação.

Aqui estão algumas táticas de growth hacking que você pode aplicar:

Colaborações Estratégicas: Uma maneira eficaz de acelerar seu crescimento é colaborar com outros criadores de conteúdo que tenham uma audiência semelhante à sua. Essas parcerias podem ser mutuamente benéficas, pois você estará expondo seu conteúdo a uma nova base de seguidores.

Lives Colaborativas: Fazer transmissões ao vivo com outros criadores é uma excelente forma de engajar duas audiências ao mesmo tempo. Isso é particularmente poderoso no Instagram e no TikTok, onde as lives ganham destaque.

Guest Appearances: Participar como convidado no canal de outro criador ou podcast permite que você alcance seguidores que talvez nunca tenham ouvido falar de você antes.

Cross-Posting de Conteúdo: Se você está criando conteúdo para uma plataforma específica, considere reutilizar esse conteúdo em outras plataformas. Por exemplo, se você cria vídeos para o YouTube, pode dividir esses vídeos em trechos menores para o TikTok ou Instagram

Reels. Isso aumenta sua exposição sem precisar criar conteúdo novo o tempo todo.

A/B Testing: O A/B testing envolve a criação de duas versões diferentes de um post ou vídeo e testar qual delas tem melhor desempenho. Isso pode ser feito alterando títulos, miniaturas, legendas ou até mesmo horários de publicação. Essa técnica ajuda a refinar sua estratégia e identificar o que funciona melhor com seu público.

Crie um Funil de Engajamento: Um funil de engajamento ajuda a converter seguidores casuais em fãs leais. Isso pode ser feito incentivando sua audiência a tomar pequenas ações, como seguir você em diferentes plataformas, se inscrever em sua newsletter ou interagir mais com seu conteúdo. O objetivo é transformar seguidores passivos em participantes ativos, que estão engajados em todas as etapas do funil.

Topo do Funil (Atração): Use conteúdo viral e colaborativo para atrair o máximo de visualizações possível.

Meio do Funil (Engajamento): Ofereça conteúdo mais profundo e interativo, como enquetes, quizzes e vídeos ao vivo, para aumentar o engajamento.

Fundo do Funil (Conversão): Converta seus seguidores em clientes ou apoiadores por meio de ofertas especiais, lançamentos de produtos ou assinaturas exclusivas.

Construindo uma Marca Pessoal Sólida

À medida que você cresce como criador de conteúdo, construir uma marca pessoal sólida é crucial para garantir que seu sucesso seja sustentável a longo prazo. Sua marca pessoal é o que diferencia você de outros criadores e cria uma conexão emocional com sua audiência.

Defina sua Identidade de Marca: Antes de construir sua marca, é importante definir quem você é e como deseja ser percebido. Pergunte a si mesmo:

Quais são meus valores?

Que mensagem principal quero transmitir com meu conteúdo?

Como quero que as pessoas se sintam ao consumir meu conteúdo?

Ter uma identidade de marca clara vai ajudá-lo a ser mais consistente em sua criação de conteúdo e comunicação com seu público.

Coerência em Todas as Plataformas: Sua marca pessoal deve ser coerente em todas as plataformas. Isso inclui o tom de voz, a estética visual (cores, fontes, estilo de vídeo) e até a forma como você interage com sua audiência. Coerência gera confiança, e confiança é essencial para criar uma base de seguidores leais.

Visuais Consistentes: Use a mesma paleta de cores, logotipo e estilo visual em todas as suas redes sociais e conteúdos. Isso cria uma identidade visual reconhecível.

Tom de Voz: Seja autêntico ao falar com seu público. Se você é informal e descontraído no Instagram, por exemplo, mantenha esse mesmo tom no YouTube ou em seus e-mails.

Seja Autêntico e Vulnerável: No mundo das redes sociais, onde muitas vezes o foco é na perfeição, a autenticidade pode ser seu maior ativo. Não tenha medo de mostrar vulnerabilidade, compartilhar suas lutas e aprendizados. Isso cria uma conexão emocional mais forte com sua audiência.

Networking e Colaborações: Parte de fortalecer sua marca envolve se conectar com outros criadores e influenciadores. Networking não só ajuda a abrir novas oportunidades de crescimento, mas também fortalece sua posição dentro da comunidade.

Gerenciamento de Reputação: À medida que você cresce, é crucial gerenciar sua reputação online. Isso inclui não apenas como você interage com sua audiência, mas também como você responde a críticas e feedback. Manter uma imagem positiva e lidar de maneira profissional com críticas pode evitar crises de reputação que prejudiquem sua marca pessoal.

Explorando Novas Plataformas e Tendências

O mundo digital está sempre mudando, e o surgimento de novas plataformas e tendências pode representar uma oportunidade para criadores que estão atentos às mudanças. Para se manter competitivo e aproveitar ao máximo as novas tendências, é importante explorar novas plataformas, experimentar diferentes formatos de conteúdo e estar sempre disposto a se adaptar. Abaixo estão algumas dicas de como explorar e aproveitar essas novas oportunidades:

Adapte-se às Novas Plataformas: Plataformas como Threads, BeReal, e outras surgem de tempos em tempos e rapidamente ganham popularidade. Ser um dos primeiros criadores a adotar uma nova plataforma pode lhe proporcionar uma vantagem competitiva significativa, pois há menos concorrência e o algoritmo tende a favorecer os primeiros usuários.

Entenda a Nova Plataforma: Antes de começar a produzir conteúdo em uma nova plataforma, invista tempo em entender sua dinâmica, o tipo de público que ela atrai e como funciona seu algoritmo. Isso o ajudará a criar conteúdo que ressoa com os usuários.

Customize o Conteúdo para Cada Plataforma: Cada plataforma tem um estilo e formato únicos, então é importante ajustar seu conteúdo para atender às expectativas e normas daquela comunidade. Um conteúdo que funciona bem no TikTok pode não ter o mesmo impacto no YouTube, por exemplo.

Aproveite a Algoritmo Inicial: No início, as plataformas tendem a impulsionar criadores que produzem conteúdo de forma consistente. Portanto, publique regularmente e participe ativamente das tendências da plataforma.

Esteja Sempre Atualizado sobre Tendências: Tendências como vídeos curtos, Realidade Aumentada (AR) e Inteligência Artificial (IA) estão revolucionando a maneira como os criadores de conteúdo interagem com seu público. Manter-se informado sobre essas tecnologias pode não apenas diferenciá-lo, mas também aumentar sua eficiência e capacidade criativa.

Vídeos Curtos: Plataformas como TikTok, Instagram Reels e YouTube Shorts estão em alta. Esses vídeos curtos são consumidos rapidamente e podem facilmente se tornar virais. Invista em conteúdo dinâmico e criativo, que capture a atenção logo nos primeiros segundos.

Realidade Aumentada (AR): Filtros de AR e efeitos interativos estão cada vez mais populares em plataformas como Instagram e Snapchat. Criadores que utilizam essas tecnologias conseguem oferecer uma experiência mais imersiva para sua audiência.

Inteligência Artificial (IA): A IA pode ser usada para criar conteúdo de maneira mais eficiente, como gerar legendas automáticas, melhorar a edição de vídeo e até sugerir ideias de conteúdo. Ferramentas de IA também podem ajudar a analisar dados e entender melhor o comportamento do seu público.

Explorar Conteúdo Educacional e Informativo: Com o aumento do interesse por conteúdos que oferecem valor prático, muitos criadores estão investindo em vídeos e postagens educativas. Não importa qual seja seu nicho, adicionar um componente educativo ao seu conteúdo pode aumentar seu apelo e ajudar a atrair uma audiência mais ampla.

Tutoriais e Guias: Se você tem uma habilidade ou conhecimento específico, criar tutoriais passo a passo pode ser uma excelente maneira de construir autoridade em seu nicho. Por exemplo, tutoriais de design gráfico, culinária, maquiagem ou desenvolvimento pessoal são altamente populares.

Séries de Conteúdo: Criar uma série regular de vídeos ou postagens que se aprofunde em um tópico específico é uma ótima maneira de manter o público engajado e esperando por mais. Esse tipo de conteúdo também ajuda a construir uma narrativa ao longo do tempo.

Invista em Podcasting e Áudio: Podcasts e formatos de áudio estão em crescimento. Criadores que conseguem produzir conteúdo em áudio, como entrevistas, debates e discussões aprofundadas sobre um tema, podem alcançar uma audiência que prefere consumir conteúdo enquanto está em movimento.

Leve Seu Conteúdo para o Formato de Podcast: Se você já cria vídeos ou outros tipos de conteúdo falado, considere convertê-los em episódios de podcast. Plataformas como Spotify, Apple Podcasts e Google Podcasts oferecem uma excelente oportunidade para expandir seu alcance.

Integração com Vídeo: Muitos criadores de podcasts também fazem vídeos de suas gravações, postando no YouTube ou em outras plataformas. Isso aumenta a visibilidade e oferece mais uma forma de monetizar o conteúdo.

Fortalecendo sua Presença Internacional

Com a internet, não há limites geográficos para o alcance do seu conteúdo. Criadores que investem em expandir sua audiência internacionalmente podem abrir novas oportunidades de crescimento e monetização. Aqui estão algumas formas de construir uma audiência global:

Conteúdo Multilíngue: Se você fala mais de um idioma, ou se tem uma equipe de suporte, criar conteúdo em diferentes idiomas pode expandir significativamente sua base de seguidores. Isso é particularmente útil em plataformas como o YouTube, onde vídeos em várias línguas podem atrair públicos de diferentes regiões.

Legendas e Traduções: Mesmo que você produza conteúdo em um único idioma, incluir legendas em várias línguas pode aumentar o alcance do seu vídeo. Ferramentas automáticas de legendagem e tradução facilitam muito esse processo.

Criação de Canais Secundários: Alguns criadores optam por criar canais ou perfis separados para cada idioma, mantendo o conteúdo organizado e personalizado para cada público.

Explore Novos Mercados: Cada região tem suas próprias plataformas sociais e influenciadores populares. Ao entrar em um novo mercado, faça uma pesquisa sobre quais são as principais redes sociais e as tendências locais. Por exemplo, plataformas como WeChat e Weibo são enormes na China, enquanto VK é popular na Rússia.

Colaborações Internacionais: Fazer parcerias com criadores de conteúdo de diferentes partes do mundo pode aumentar seu apelo global e permitir que você explore novos públicos de forma autêntica.

Cultura e Sensibilidade Local: Ao expandir internacionalmente, é importante estar ciente de costumes, valores e sensibilidades culturais que podem variar de país para país. Certifique-se de adaptar seu conteúdo para não ofender ou alienar uma audiência potencial.

Automação e Gestão de Tempo

À medida que você continua a crescer como criador de conteúdo, o volume de trabalho pode aumentar significativamente. Para lidar com isso de maneira eficiente e continuar crescendo, é essencial investir em ferramentas de automação e técnicas de gestão de tempo.

Automação de Postagens: Ferramentas de agendamento, como Hootsuite, Buffer e Later, permitem que você programe suas postagens com antecedência em várias plataformas. Isso facilita a manutenção de uma presença ativa, mesmo quando você está ocupado com outras tarefas.

Planejamento Semanal: Reserve um dia da semana para planejar e agendar todas as suas postagens para os próximos dias. Isso lhe dá mais tempo livre para se concentrar na criação de novos conteúdos ou em outros aspectos da sua estratégia.

Conteúdo Replicável: Crie conteúdos que possam ser postados várias vezes com pequenas variações. Isso economiza tempo e mantém sua presença ativa.

Delegar Tarefas: Quando você começa a monetizar seu conteúdo e a expandir sua audiência, pode ser o momento de considerar a contratação de uma equipe para ajudá-lo. Ter um editor de vídeo, gerente de redes sociais ou assistente virtual pode liberar seu tempo para se concentrar na parte mais criativa do seu trabalho.

Ferramentas de Análise: Manter-se atualizado sobre o desempenho do seu conteúdo em cada plataforma é essencial para o crescimento. Ferramentas como Google Analytics, YouTube Studio e Instagram Insights fornecem dados detalhados sobre o que está funcionando e o que precisa ser ajustado.

KPIs (Key Performance Indicators): Defina seus KPIs para medir o sucesso do seu conteúdo. Isso pode incluir métricas como engajamento (curtidas, comentários), alcance (visualizações, compartilhamentos) e conversão (vendas, novos seguidores).

Análises Regulares: Faça uma análise semanal ou mensal de suas métricas para ajustar sua estratégia e identificar tendências emergentes.

A Jornada do Criador de Conteúdo

À medida que você avança em sua jornada como criador de conteúdo, lembre-se de que o sucesso não acontece da noite para o dia. O caminho pode ser desafiador, com altos e baixos, mas com consistência, paixão e planejamento estratégico, você pode construir uma carreira sólida e gratificante no mundo digital.

Essa seção de estratégias avançadas foi criada para oferecer a você as ferramentas e conhecimentos necessários para elevar seu conteúdo, maximizar seu alcance e fortalecer sua marca pessoal. O mundo digital está em constante evolução, e os criadores que conseguem se adaptar e inovar são aqueles que têm sucesso a longo prazo.

Diversificação de Receitas: Explorando Diferentes Fontes de Monetização

Para muitos criadores de conteúdo, uma das maiores armadilhas é depender de uma única fonte de receita. A internet oferece inúmeras maneiras de monetizar seu trabalho, e diversificar suas fontes de renda é uma das melhores estratégias para garantir um fluxo constante de ganhos, mesmo em tempos de mudanças nas plataformas. Além disso, ter múltiplas formas de monetização permite que você se adapte melhor às necessidades e preferências de diferentes segmentos do seu público.

Nesta seção, vamos explorar as várias maneiras de gerar receita, desde as mais tradicionais até as mais inovadoras, e como combiná-las de forma eficaz.

Monetização com Publicidade: Parcerias e Patrocínios

Parcerias com Marcas: Uma das formas mais comuns e lucrativas de monetizar seu conteúdo é através de parcerias com marcas. Empresas estão constantemente em busca de influenciadores e criadores de conteúdo para promover seus produtos ou serviços, e essa colaboração pode ser vantajosa para ambas as partes.

Identifique Marcas que Alinham com seu Público: O primeiro passo para conseguir parcerias é identificar empresas que compartilham dos mesmos valores e nicho que o seu conteúdo. Seu público deve sentir uma conexão natural entre o que você promove e o conteúdo que você cria.

Mídia Kit: Ter um mídia kit é essencial para abordar marcas de forma profissional. Esse documento deve conter informações sobre seu público, estatísticas de engajamento, número de seguidores e exemplos de trabalhos anteriores.

Modelos de Parceria: Existem vários formatos de parceria com marcas, como posts patrocinados, vídeos dedicados ou inserções de produtos em seus vídeos regulares. Cada formato tem um valor diferente, então é importante negociar de acordo com o tipo de exposição que a marca deseja.

Google AdSense e Programas de Anúncios: O Google AdSense, disponível em plataformas como YouTube e blogs, é uma maneira direta de ganhar dinheiro com anúncios exibidos durante seu conteúdo. A remuneração geralmente depende do número de visualizações, do nicho de mercado e da localização geográfica do público.

Requisitos do YouTube: Para monetizar vídeos no YouTube, você precisa atingir certos requisitos mínimos, como 1.000 inscritos e 4.000 horas de exibição nos últimos 12 meses. Uma vez elegível, você pode ativar os anúncios nos seus vídeos e começar a gerar receita a partir de cada visualização.

Anúncios Nativos e Programáticos: Anúncios nativos são aqueles que se integram perfeitamente ao seu conteúdo, muitas vezes promovendo produtos ou serviços relevantes. Já os anúncios programáticos são gerenciados por plataformas automatizadas, como o Google AdSense, e exibidos de acordo com o perfil do espectador.

Patrocínios Diretos: Diferente das parcerias tradicionais com marcas, os patrocínios diretos envolvem um contrato mais formal e de longo prazo entre você e uma empresa. O patrocinador pode financiar uma série de vídeos, um evento ou até mesmo toda sua produção de conteúdo em troca de visibilidade constante para seus produtos.

Exclusividade: Algumas marcas podem exigir exclusividade em determinados segmentos, o que significa que você não poderá promover produtos concorrentes durante o período do contrato. Avalie bem as condições antes de fechar um acordo.

Personalização: O sucesso de um patrocínio depende da personalização do conteúdo de acordo com a marca. Em vez de inserir uma propaganda direta, considere formas criativas de integrar o produto ou serviço de maneira que faça sentido para sua audiência.

Produtos Digitais: Cursos, eBooks e Mentorias

A criação de produtos digitais é uma das maneiras mais eficazes de gerar receita passiva e escalar seu negócio de conteúdo. Além de ser um ótimo complemento às suas outras formas de monetização, produtos digitais podem ajudá-lo a se posicionar como especialista em seu nicho.

Cursos Online: Se você tem uma habilidade ou conhecimento que seu público considera valioso, criar um curso online pode ser uma excelente maneira de monetizar. Plataformas como Udemy, Hotmart, Teachable, e Kajabi permitem que você hospede e venda seus cursos para uma audiência global.

Escolha um Tópico Relevante: Escolher um tópico de curso que resolva um problema real de sua audiência é o primeiro passo para garantir o sucesso. Faça uma pesquisa com seus seguidores para descobrir quais áreas eles gostariam de aprender mais.

Estruturação do Curso: Organize seu curso de maneira lógica e fácil de seguir. Divida o conteúdo em módulos ou aulas curtas para que seus alunos possam aprender de forma progressiva.

Promoção do Curso: Aproveite seu alcance nas redes sociais para promover o curso. Vídeos de demonstração, lives explicativas e depoimentos de alunos satisfeitos são ótimas estratégias de marketing.

eBooks e Guias: Criar um eBook ou um guia é uma forma simples e direta de transformar seu conhecimento em uma fonte de renda. Você pode vender esses produtos diretamente em seu site, através de plataformas como Amazon Kindle ou em marketplaces como Hotmart.

Escolha de Temas: Assim como no caso dos cursos, escolha um tema que seja de interesse do seu público e que você tenha autoridade para falar. Guias práticos, listas de recursos ou soluções passo a passo costumam ser populares.

Preço: O preço de um eBook pode variar dependendo da profundidade do conteúdo, mas geralmente fica entre R$10 e R$100. O importante é oferecer um bom custo-benefício para seu público.

Mentorias e Consultorias: Se você se destaca em um nicho específico e tem uma boa base de conhecimento, oferecer mentorias ou consultorias personalizadas pode ser uma fonte de receita lucrativa. Isso permite que você trabalhe diretamente com pessoas interessadas em sua expertise e cobre por hora ou por pacote de serviços.

Defina seu Valor: Ao oferecer mentorias, é importante precificar seu tempo e conhecimento de forma justa. Leve em consideração sua experiência, o tempo investido e o valor que você trará para o cliente.

Pacotes de Mentoria: Em vez de cobrar por hora, considere oferecer pacotes de mentoria com um objetivo claro. Isso pode incluir, por exemplo, um programa de 4 semanas para ajudar criadores de conteúdo a crescer suas redes sociais ou melhorar suas estratégias de monetização.

Produtos Físicos e Mercadorias: Criando sua Loja

Outra maneira popular de diversificar sua receita é através da venda de produtos físicos ou mercadorias personalizadas. Criar uma marca de produtos pode aumentar o reconhecimento do seu trabalho e, ao mesmo tempo, oferecer um fluxo de receita contínuo.

Loja de Mercadorias: Se você já tem uma base de fãs leal, vender mercadorias personalizadas, como camisetas, canecas e adesivos, é uma excelente maneira de monetizar seu público. Plataformas como Printful, Shopify e Merch by Amazon facilitam o processo de criação e venda de mercadorias sem que você precise se preocupar com o estoque ou a logística de envio.

Design Criativo: Invista em designs que tenham um apelo estético e que se conectem com seu público. Suas mercadorias devem ser algo que seus seguidores tenham orgulho de usar ou exibir.

Promoção de Produtos: Crie vídeos e posts mostrando seus produtos, incentive seus seguidores a compartilhar fotos utilizando suas mercadorias e crie promoções especiais para gerar mais vendas.

Produtos de Marca Própria: Se você deseja criar uma marca própria de produtos físicos (como cosméticos, alimentos ou acessórios), essa pode ser uma excelente maneira de construir uma nova linha de receita. Ao criar uma marca própria, você tem controle total sobre o produto, o preço e a distribuição.

Pesquisa de Mercado: Antes de lançar sua marca, faça uma pesquisa para garantir que há demanda pelo produto e que ele se alinha ao seu nicho e público-alvo.

Logística e Parcerias: Produzir e vender produtos físicos envolve parcerias com fornecedores, fabricantes e distribuidores. Certifique-se de que todos os aspectos logísticos estão sob controle para evitar problemas futuros.

Assinaturas e Comunidades Exclusivas

O modelo de assinatura permite que você gere uma receita recorrente, oferecendo acesso exclusivo a conteúdo premium ou benefícios adicionais para seus seguidores mais fiéis. Plataformas como Patreon, Apoia.se e até mesmo a função de membros do YouTube permitem que criadores monetizem diretamente sua base de fãs.

Ofereça Conteúdo Exclusivo: Um dos principais motivos pelos quais seguidores pagam por assinaturas é o acesso a conteúdos exclusivos. Isso pode incluir vídeos antecipados, lives privadas, bastidores da produção ou até mesmo consultorias exclusivas.

Níveis de Assinatura: Muitos criadores oferecem diferentes níveis de assinatura, com benefícios que aumentam conforme o valor pago. Por exemplo, um nível básico pode incluir acesso a vídeos exclusivos, enquanto um nível mais alto oferece interações mais próximas, como chamadas de vídeo com o criador.

Criação de Comunidades Exclusivas: Além de oferecer conteúdo exclusivo, muitos criadores de conteúdo utilizam plataformas como Discord, Telegram ou até mesmo grupos fechados no Facebook para criar comunidades exclusivas para seus assinantes. Essas comunidades proporcionam uma experiência mais íntima e próxima com o criador, o que pode ser extremamente valioso para seguidores que desejam uma conexão mais profunda.

Engajamento Direto: Um dos maiores atrativos dessas comunidades é o acesso direto ao criador de conteúdo. Interações frequentes, como responder perguntas, participar de debates ou realizar sessões de perguntas e respostas (Q&A), são elementos que agregam muito valor.

Conteúdo Personalizado: Nestas comunidades, você pode criar conteúdo especialmente voltado para os membros, como dicas personalizadas, recomendações exclusivas ou insights mais detalhados sobre seu nicho de atuação.

Monetização Reforçada: A comunidade em si pode ser uma fonte de renda adicional, seja através de mensalidades cobradas pelo acesso ou pela venda de produtos e serviços personalizados apenas para os membros.

Plataformas de Assinatura: Existem várias plataformas disponíveis que permitem a monetização por meio de assinaturas, cada uma com suas próprias vantagens e funcionalidades. A seguir, algumas das principais opções para criadores de conteúdo:

Patreon: Uma das plataformas mais conhecidas, o Patreon permite que criadores ofereçam diferentes níveis de assinatura, com recompensas personalizadas para seus apoiadores. O criador recebe uma porcentagem dos valores pagos pelos assinantes.

Apoia.se: Similar ao Patreon, mas voltado para o público brasileiro, o Apoia.se oferece uma solução em português e com suporte para pagamentos nacionais, facilitando a monetização local.

OnlyFans: Focado principalmente em conteúdo adulto, mas também utilizado por criadores de nichos como fitness, culinária e arte, o OnlyFans permite que os seguidores paguem por acesso exclusivo a conteúdos mais íntimos ou detalhados.

Membros do YouTube: O YouTube oferece uma funcionalidade de "Membros" para canais elegíveis, onde seguidores podem pagar uma taxa mensal para acessar conteúdos especiais, como vídeos exclusivos, emojis personalizados e mais.

Venda de NFTs: O mundo dos NFTs (Tokens Não Fungíveis) abriu novas portas para a monetização digital. Criadores de conteúdo, artistas e influenciadores estão aproveitando essa tecnologia para vender arte digital, música, vídeos exclusivos e outros tipos de conteúdo único. O diferencial dos NFTs é que cada item é único ou parte de uma série limitada, e os compradores possuem a propriedade digital comprovada.

Criação e Venda de NFTs: Plataformas como OpenSea, Rarible e Foundation permitem que criadores vendam NFTs para seus seguidores. Isso oferece uma nova camada de exclusividade e pertencimento, onde os fãs podem adquirir um item digital raro.

Conteúdo Exclusivo: Além de vender arte digital ou vídeos, muitos criadores utilizam NFTs como uma forma de oferecer benefícios adicionais, como acesso exclusivo a eventos, webinars ou comunidades VIP.

Receitas de Royalties: Uma das grandes vantagens dos NFTs é que os criadores podem receber royalties toda vez que o item for revendido. Isso significa que, mesmo após a venda inicial, você pode continuar ganhando dinheiro conforme o NFT troca de mãos.

Monetização por Meio de Afiliados

Outra maneira muito popular de monetizar o conteúdo é através de programas de afiliados. Essencialmente, você promove produtos ou serviços de outras empresas e, em troca, recebe uma comissão por cada venda ou ação gerada através do seu link de afiliado.

Programas de Afiliados em Plataformas de eCommerce: Muitos marketplaces e lojas online oferecem programas de afiliados, onde você ganha uma comissão sobre cada venda realizada através de seus links de recomendação. As principais plataformas incluem:

Amazon Associates: O programa de afiliados da Amazon é um dos maiores e mais utilizados no mundo. Você pode promover praticamente qualquer produto vendido na Amazon e ganhar uma comissão com base no valor da compra.

AliExpress Afiliados: Similar ao programa da Amazon, o AliExpress permite que você promova uma vasta gama de produtos, desde eletrônicos até moda, e ganhe comissões pelas vendas.

Programas Específicos de Lojas: Além das grandes plataformas de eCommerce, muitas lojas específicas em nichos como moda, tecnologia e produtos de beleza possuem seus próprios programas de afiliados. Inscreva-se em programas relevantes ao seu público e conteúdo.

Afiliados Digitais: Plataformas como Hotmart, Eduzz e Monetizze são voltadas para produtos digitais, como cursos online, eBooks, ferramentas e serviços. Inscrever-se como afiliado nessas plataformas permite que você promova esses produtos e receba comissões generosas pelas vendas.

Seleção de Produtos Relevantes: Ao promover produtos como afiliado, é essencial escolher aqueles que se alinham ao seu nicho e que realmente ofereçam valor para seu público. Promover produtos irrelevantes ou de baixa qualidade pode prejudicar sua credibilidade.

Marketing de Afiliados: Uma das chaves para o sucesso no marketing de afiliados é criar conteúdo de qualidade que mostre os benefícios reais do produto. Isso pode incluir tutoriais, reviews e comparações que ajudem sua audiência a tomar uma decisão informada.

Monetização com Links de Afiliados em Vídeos: Uma ótima estratégia para quem cria conteúdo em vídeo é incluir links de afiliados nas descrições dos vídeos ou em postagens complementares. Plataformas como o YouTube e o Instagram permitem a inclusão de links externos, onde você pode sugerir produtos que complementam o conteúdo do vídeo.

Unboxing e Reviews: Criadores que fazem vídeos de unboxing ou reviews de produtos podem aproveitar para incluir links de afiliados na descrição. Isso torna a experiência mais prática para o espectador, que pode comprar o produto imediatamente.

Tutoriais e Cursos: Se você ensina algo em seus vídeos (como design gráfico, fotografia ou culinária), incluir links de afiliados para produtos e ferramentas utilizadas no vídeo pode ser uma ótima forma de aumentar suas comissões.

Crowdfunding: Financiando Projetos Criativos

O crowdfunding é uma forma alternativa de monetização, onde seu público contribui financeiramente para apoiar um projeto ou iniciativa criativa. Plataformas como Kickstarter, Catarse e GoFundMe permitem que criadores de conteúdo lancem campanhas para arrecadar fundos para projetos específicos, como um novo livro, uma série de vídeos ou até mesmo o financiamento de um documentário.

Campanhas de Crowdfunding para Projetos Criativos: Se você tem uma ideia para um projeto que requer financiamento, o crowdfunding pode ser uma ótima solução. Isso permite que seus seguidores ajudem a financiar o projeto antes mesmo de ele ser concluído.

Apresente uma Ideia Clara: Uma campanha de crowdfunding de sucesso começa com a apresentação de uma ideia clara e empolgante. Mostre aos seus seguidores como seu projeto será benéfico e porque eles devem apoiá-lo.

Ofereça Recompensas: Para incentivar contribuições, ofereça recompensas atraentes para os apoiadores. Isso pode incluir acesso antecipado ao conteúdo, produtos exclusivos ou até mesmo experiências personalizadas, como sessões de consultoria ou convites para eventos privados.

Monetização de Projetos de Longo Prazo: Além de financiar projetos únicos, o crowdfunding também pode ser usado para apoiar seu trabalho contínuo. Plataformas como o Patreon permitem que criadores recebam contribuições mensais de seus seguidores para sustentar sua produção de conteúdo a longo prazo.

Relacionamento com Apoiadores: Um dos grandes atrativos para os apoiadores do crowdfunding é o relacionamento que eles podem construir com o criador. Mantenha-se engajado com seus apoiadores, atualize-os sobre o progresso do projeto e mostre como suas contribuições estão sendo utilizadas.

Iniciativas Sociais e Criativas: Muitos criadores utilizam o crowdfunding para financiar projetos sociais, como documentários que abordam questões relevantes, campanhas de conscientização ou eventos beneficentes. Se você tem uma causa importante que deseja promover, essa pode ser uma ótima maneira de obter suporte.

Conclusão sobre Diversificação de Receitas

A diversificação de receitas é uma estratégia crucial para criadores de conteúdo que desejam garantir estabilidade financeira e flexibilidade em sua carreira. Dependendo de apenas uma fonte de renda, como publicidade, pode ser arriscado, especialmente com as frequentes mudanças nos algoritmos das plataformas e nas políticas de monetização.

Ao explorar várias formas de monetização, como parcerias com marcas, vendas de produtos digitais, mentorias, afiliados e assinaturas, você aumenta sua capacidade de gerar uma receita constante e sólida. O segredo é encontrar as formas que melhor se adaptam ao seu público e ao seu estilo de criação, e construir uma estratégia integrada que permita crescer de forma sustentável a longo prazo.

Desafios e Boas Práticas no Gerenciamento de Conteúdo Digital

Criar conteúdo digital para a internet pode parecer simples à primeira vista, mas manter uma produção constante, de alta qualidade e que engaje seu público é um verdadeiro desafio. O gerenciamento de conteúdo envolve muitas variáveis, como planejar temas relevantes, lidar com a pressão de prazos e acompanhar as métricas para ajustar a estratégia.

Nesta seção, vamos explorar os principais desafios que você pode enfrentar ao gerenciar seu conteúdo digital e, mais importante, as melhores práticas que podem ajudá-lo a superá-los

e alcançar resultados consistentes.

1. Desafio: Manter a Consistência na Criação de Conteúdo

Manter a consistência na produção de conteúdo é um dos maiores desafios para criadores digitais. Produzir regularmente, seja em formato de vídeos, postagens em blogs, podcasts ou redes sociais, é essencial para manter o engajamento do público. No entanto, a pressão de publicar com frequência pode causar estresse e falta de criatividade.

Boas Práticas:

Planejamento Editorial: Uma das formas mais eficazes de manter a consistência é desenvolver um calendário editorial. Isso ajuda a estruturar sua produção e a prever conteúdos futuros, eliminando a pressão de criar algo de última hora.

Defina Temas Recorrentes: Escolha temas ou tópicos principais que você pode abordar regularmente. Por exemplo, você pode criar uma série de vídeos semanais sobre dicas no seu nicho ou escrever artigos mensais com análises de tendências.

Estabeleça Prazos Realistas: Planeje com antecedência para que você tenha tempo suficiente para desenvolver conteúdo de qualidade. Evite se comprometer com cronogramas irrealistas que podem levar à exaustão e à queda na qualidade.

Criação de Conteúdo em Lotes: Produzir conteúdo em lotes, ou seja, criar várias peças de conteúdo de uma vez, pode ser uma excelente maneira de garantir consistência. Ao invés de gravar um vídeo ou escrever um post por vez, tente reservar um dia ou uma parte da semana para produzir vários conteúdos de uma só vez.

Diminui a Pressão Diária: Ao criar conteúdo em lotes, você reduz a pressão de criar algo novo todos os dias, permitindo que você foque mais na qualidade e menos na quantidade.

Facilita o Agendamento: Plataformas como YouTube, Instagram e blogs permitem o agendamento de postagens, o que é ideal para liberar conteúdos ao longo da semana, mesmo se você estiver ocupado com outras tarefas.

Automação e Agendamento: Utilize ferramentas de automação para programar a publicação de conteúdos em várias plataformas. Ferramentas como Hootsuite, Buffer, Later e o próprio Facebook Creator Studio permitem que você agende postagens nas redes sociais, mantendo uma presença constante sem precisar estar online o tempo todo.

Use o Tempo Eficientemente: Ao agendar postagens, você otimiza seu tempo, permitindo que sua presença online seja contínua, mesmo em períodos em que você não pode criar ou publicar conteúdo.

Métricas Automatizadas: Algumas dessas ferramentas oferecem análises e métricas sobre o desempenho de suas postagens, ajudando você a ajustar sua estratégia de conteúdo com base em dados concretos.

2. Desafio: Engajar o Público de Forma Autêntica

Engajar seu público de forma contínua e autêntica é outro grande desafio. Não basta apenas criar conteúdo; é preciso criar algo que realmente conecte com sua audiência. Isso exige uma compreensão profunda do que seu público quer, além de manter uma comunicação autêntica e direta com eles.

Boas Práticas:

Conheça Seu Público-Alvo: Antes de qualquer coisa, é fundamental saber quem é seu público-alvo. Ter clareza sobre

os interesses, desafios e necessidades de sua audiência permite que você crie conteúdo altamente relevante e que realmente ressoe com as pessoas.

Pesquisas e Enquetes: Utilize pesquisas e enquetes nas redes sociais ou em sua lista de e-mails para entender o que seu público deseja consumir. Pergunte diretamente quais temas eles gostariam de ver abordados ou que tipo de conteúdo acham mais útil.

Acompanhe Comentários e Feedbacks: Fique atento aos comentários e feedbacks que você recebe. A interação nas redes sociais e nas postagens é uma mina de ouro para identificar tópicos que geram mais engajamento.

Conte Histórias (Storytelling): O storytelling é uma das ferramentas mais poderosas para conectar-se emocionalmente com o seu público. Ao contar histórias, você torna seu conteúdo mais humano e envolvente, o que ajuda a construir uma relação de confiança.

Experiências Pessoais: Compartilhar suas próprias experiências, erros, aprendizados e sucessos cria um senso de autenticidade e proximidade com sua audiência.

Histórias do Público: Outra estratégia eficaz é compartilhar histórias de sucesso do seu público ou de clientes. Isso não só engaja a audiência, mas também serve como prova social do valor do seu conteúdo.

Interaja Regularmente: Engajar-se diretamente com seu público é uma das maneiras mais rápidas de construir lealdade e aumentar o engajamento. Responda comentários, participe de debates, e incentive discussões que agreguem valor à sua comunidade.

Lives e Perguntas e Respostas: Lives são uma excelente forma de interação em tempo real com seu público. Use essa ferramenta para realizar sessões de perguntas e respostas ou compartilhar novidades.

Crie Espaços para Comunidades: Além das interações nas redes sociais, considere criar grupos ou fóruns onde sua audiência possa interagir entre si e com você de forma mais próxima.

3. Desafio: Superar o Bloqueio Criativo

Um dos maiores desafios enfrentados por criadores de conteúdo é o bloqueio criativo. Chega um momento em que parece que você já falou sobre tudo, e encontrar novos temas ou ângulos para abordar pode ser difícil. A falta de criatividade pode levar a períodos de estagnação e desmotivação.

Boas Práticas:

Inspiração em Fontes Externas: Buscar inspiração em fontes externas pode ser uma solução eficaz para desbloquear a criatividade. Consuma conteúdos de outros criadores, leia livros, ouça podcasts e explore nichos diferentes para encontrar novas ideias.

Análise de Concorrentes: Veja o que outros criadores no seu nicho estão fazendo. Você pode se inspirar em tendências ou abordagens que eles utilizam, adaptando essas ideias ao seu estilo.

Pesquise Tendências: Ficar de olho nas tendências do momento, seja através de ferramentas como o Google Trends ou monitorando hashtags populares, pode trazer insights sobre temas que estão em alta e que você pode explorar.

Reciclagem de Conteúdo: Uma estratégia útil para contornar o bloqueio criativo é reciclar conteúdos antigos. Reaproveitar um post popular de um ano atrás com uma nova abordagem ou criar um vídeo explicando um tema que você já abordou em formato de texto pode ser uma maneira de manter sua produção ativa.

Transforme Formatos: Se você escreveu um artigo que teve um bom desempenho, transforme-o em um vídeo, infográfico ou post em carrossel nas redes sociais. Isso permite que você mantenha o conteúdo relevante sem precisar criar algo completamente novo.

Atualize Conteúdos Antigos: Ao atualizar postagens antigas com novas informações ou tendências atuais, você mantém o conteúdo relevante para seu público, além de melhorar sua performance nos mecanismos de busca.

Exercícios Criativos: Faça exercícios criativos para estimular a sua mente a sair da zona de bloqueio. Defina metas simples, como escrever 100 palavras sobre um tema aleatório ou criar uma lista de 10 novas ideias de conteúdo. O importante é continuar praticando sua criatividade, mesmo que o resultado inicial não seja perfeito.

Mapeamento Mental: Utilize o mapeamento mental para conectar diferentes ideias e gerar novos insights. Comece com um tema central e desenhe ramificações de subtemas ou perguntas relacionadas que você pode explorar.

Brainstorming Colaborativo: Trocar ideias com outros criadores ou colegas de trabalho pode trazer novas perspectivas e desbloquear a criatividade. O processo colaborativo de brainstorming pode resultar em conceitos que você talvez não tivesse pensado sozinho.

4. Desafio: Manter a Qualidade com Recursos Limitados

Outro desafio comum é a falta de recursos, tanto em termos de tempo quanto de dinheiro. Muitos criadores de conteúdo precisam gerenciar várias tarefas ao mesmo tempo, o que pode comprometer a qualidade do conteúdo final.

Boas Práticas:

Foco no Conteúdo de Maior Impacto: Quando os recursos são limitados, é importante priorizar conteúdos que tenham o maior potencial de impacto. Nem todo conteúdo precisa ser produzido com a mesma frequência ou dedicação de tempo.

Escolha Prioridades: Determine quais tipos de conteúdo trazem mais resultados para você e seu público. Se vídeos curtos no TikTok ou Reels têm mais engajamento, dedique mais tempo e energia a esses formatos. Se artigos longos em blogs atraem mais visitas e leads, priorize esse tipo de conteúdo em vez de dispersar esforços em várias frentes.

Menos é Mais: Muitas vezes, é melhor focar em produzir menos conteúdo, mas de forma mais estratégica e com qualidade superior. Escolha os formatos e temas que mais ressoam com seu público e elimine conteúdos que não trazem resultados significativos.

Ferramentas e Recursos Gratuitos: Existem diversas ferramentas gratuitas e acessíveis que podem facilitar sua criação de conteúdo sem sobrecarregar o orçamento.

Design e Edição: Ferramentas como Canva e Photopea permitem criar gráficos e editar imagens com qualidade profissional, sem a necessidade de pagar por softwares caros como Photoshop.

Edição de Vídeo: Softwares gratuitos como DaVinci Resolve ou iMovie (para usuários de Mac) são ótimos para edição de vídeos. Se você está começando, essas ferramentas oferecem funcionalidades suficientes para criar vídeos de boa qualidade.

Banco de Imagens e Sons: Use bancos de imagens gratuitos, como Unsplash e Pexels, ou bancos de sons como Freesound para obter materiais visuais e de áudio sem precisar investir em licenças pagas.

Automação de Processos: Aproveitar as ferramentas de automação pode liberar seu tempo para se concentrar em aspectos mais importantes do seu conteúdo. Programas que automatizam a publicação de posts, o gerenciamento de e-mails e até mesmo a criação de relatórios de métricas economizam tempo e melhoram a eficiência.

Automação de Redes Sociais: Use ferramentas como Hootsuite, Later ou Buffer para agendar suas postagens com antecedência e garantir que seu conteúdo esteja no ar mesmo quando você não puder gerenciá-lo manualmente.

Automação de E-mails: Plataformas como Mailchimp ou Sendinblue podem ser configuradas para enviar e-mails automáticos, seja para newsletters ou campanhas de vendas, o que ajuda a manter sua comunicação com a audiência sem precisar de esforços contínuos.

5. Desafio: Adaptar-se às Mudanças Constantes nas Plataformas

As plataformas digitais estão em constante mudança, seja com atualizações nos algoritmos, novas funcionalidades ou políticas de monetização que afetam diretamente os criadores de conteúdo. O que funciona hoje pode não funcionar mais amanhã, e estar à frente dessas mudanças é fundamental para garantir a sustentabilidade do seu trabalho.

Boas Práticas:

Acompanhamento Constante de Tendências: Ficar por dentro das últimas novidades e mudanças nas plataformas é essencial. Isso inclui seguir blogs de marketing digital, participar de grupos e fóruns especializados e assinar newsletters de especialistas da área.

Notícias e Atualizações de Plataformas: Siga diretamente as contas das plataformas que você utiliza (YouTube, Instagram, TikTok) para se atualizar sobre novos recursos ou mudanças nas regras de monetização. Blogs como TechCrunch ou Social Media Examiner também fornecem insights regulares sobre mudanças tecnológicas.

Comunidades de Criadores: Participe de comunidades online (grupos no Facebook, fóruns como Reddit) voltadas para criadores de conteúdo. Esses espaços são ótimos para trocar experiências e obter conselhos de outros criadores que também estão navegando por essas mudanças.

Diversificação de Plataformas: Apostar todas as fichas em uma única plataforma pode ser arriscado. Mudanças nos algoritmos podem reduzir drasticamente o alcance do seu conteúdo e, consequentemente, sua monetização. Portanto, é fundamental diversificar e explorar diferentes plataformas para não depender exclusivamente de uma fonte.

Explore Novas Plataformas: Se você está focado no Instagram, por exemplo, considere também expandir para plataformas como TikTok, YouTube ou até mesmo podcasts. A diversificação aumenta suas chances de alcançar novos públicos e reduzir a dependência de um único canal.

Replicação de Conteúdo: Adapte seu conteúdo para diferentes plataformas. O que foi publicado como um post no Instagram pode ser transformado em um vídeo curto no TikTok ou em um artigo mais extenso no blog. Assim, você reutiliza conteúdo existente em múltiplos canais sem ter que começar do zero.

Experimente e Inove: Quando as plataformas mudam, novos formatos e funcionalidades surgem. Esteja disposto a experimentar essas novas possibilidades, como vídeos curtos, stories, reels, lives e outras ferramentas que podem ser vantajosas no momento.

Use Ferramentas de Novos Formatos: Plataformas como o Instagram, por exemplo, dão grande destaque para novos formatos como o Reels. Estar entre os primeiros a adotar esses formatos pode aumentar seu alcance orgânico.

Teste Diferentes Abordagens: Não tenha medo de testar novos tipos de conteúdo ou formatos. O ambiente digital é dinâmico e permite experimentações. Algumas iniciativas podem não funcionar, mas outras podem surpreendê-lo com altos níveis de engajamento.

Conclusão: Superando Desafios e Alcançando Sucesso

Gerenciar a criação de conteúdo digital envolve uma série de desafios contínuos, desde manter a consistência na produção até adaptar-se às constantes mudanças nas plataformas. No entanto, com boas práticas e estratégias organizadas, você pode não só superar esses obstáculos, mas também se destacar no mercado cada vez mais competitivo.

A chave para o sucesso é o equilíbrio: encontrar o meio-termo entre qualidade e quantidade, autenticidade e inovação, consistência e flexibilidade. Estar preparado para se adaptar, aprender com erros e buscar constantemente melhorar são os pilares para se estabelecer como um criador de conteúdo bem-sucedido.

Com essa seção sobre os Desafios e Boas Práticas no Gerenciamento de Conteúdo Digital, concluímos a estruturação de estratégias para garantir consistência e sucesso em um ambiente tão dinâmico quanto o da internet.

Planejamento Financeiro e Sustentabilidade no Mundo Digital

Ao criar conteúdo para plataformas digitais, muitas vezes o foco inicial está em ganhar seguidores e engajamento, mas é fundamental entender que o sucesso como criador de conteúdo também depende de um planejamento financeiro sólido e de estratégias para manter a sustentabilidade do seu trabalho a longo prazo. Monetizar conteúdo é um processo que requer não só a criação de materiais atraentes, mas também a gestão inteligente dos ganhos, investimentos e oportunidades de receita diversificada.

Nesta seção, vamos abordar como você pode se planejar financeiramente, maximizar suas fontes de renda e garantir que sua produção de conteúdo seja sustentável ao longo do tempo.

1. Diversificação das Fontes de Renda

Depender de uma única fonte de renda pode ser arriscado, especialmente no mundo digital, onde mudanças nas políticas de monetização ou nas plataformas podem impactar diretamente seus ganhos. Por isso, é fundamental diversificar suas fontes de receita para criar um fluxo financeiro estável e resiliente.

Fontes de Renda Comuns para Criadores de Conteúdo:

Publicidade Direta (AdSense, Anúncios em Vídeos e Postagens Patrocinadas): Uma das formas mais populares de monetizar conteúdo é através de anúncios em plataformas como YouTube (Google AdSense) ou postagens patrocinadas no

Instagram. Com os vídeos monetizados, você pode ganhar com base nas visualizações e cliques nos anúncios exibidos.

Google AdSense: Se você cria vídeos no YouTube, pode monetizá-los com o AdSense, que paga por cliques e visualizações nos anúncios. No entanto, para alcançar uma receita significativa, é necessário ter um volume grande de visualizações regulares.

Postagens Patrocinadas: Empresas estão sempre em busca de influenciadores e criadores de conteúdo para promover produtos e serviços. Você pode receber pagamento para criar conteúdo patrocinado em suas plataformas, como postagens no Instagram, stories ou vídeos.

Afiliados e Links de Afiliados: O marketing de afiliados é outra maneira eficiente de gerar renda. Você promove produtos ou serviços e recebe uma comissão por cada venda gerada através de um link personalizado. Plataformas como Amazon Afiliados, Hotmart, Monetizze e outras oferecem programas para criadores de conteúdo.

Escolha Produtos Alinhados ao seu Público: A chave para o sucesso no marketing de afiliados é promover produtos que sejam realmente relevantes para sua audiência. Por exemplo, se você cria conteúdo sobre tecnologia, promover gadgets ou softwares faz mais sentido e aumentará as chances de conversão.

Transparência: Sempre seja claro com sua audiência sobre os links de afiliados. Essa transparência fortalece a confiança com seu público, o que, a longo prazo, pode aumentar suas taxas de conversão.

Venda de Produtos Digitais: Produtos digitais, como e-books, cursos online, templates ou até mesmo serviços de consultoria, são uma excelente forma de aumentar sua receita. Eles têm a vantagem de serem escaláveis —

ou seja, depois de criados, podem ser vendidos inúmeras vezes sem custos adicionais significativos.

Criação de Cursos Online: Se você é especialista em algum nicho, criar um curso online pode ser uma forma de monetizar seu conhecimento. Plataformas como Udemy, Hotmart ou Eduzz permitem que você hospede e venda seus cursos.

E-books e Guias: E-books são outra maneira acessível de compartilhar seu conhecimento e gerar renda passiva. Depois de criados, podem ser vendidos inúmeras vezes sem necessidade de atualizações frequentes.

Assinaturas e Membros Exclusivos: Plataformas como Patreon, YouTube Memberships e Apoia.se permitem que você ofereça conteúdo exclusivo para assinantes, criando uma renda recorrente. Os fãs pagam mensalmente para acessar conteúdo extra, bastidores, ou até mesmo interações mais próximas com você.

Conteúdo Exclusivo: Crie vídeos, podcasts ou textos que ofereçam valor exclusivo aos seus assinantes. Isso pode incluir materiais educativos, séries de vídeos com tutoriais avançados ou conteúdos bastidores de suas criações.

Níveis de Assinatura: Ofereça diferentes níveis de assinatura, com benefícios variados para cada um. Por exemplo, assinantes de níveis mais altos podem ter acesso a conteúdos mais exclusivos, consultorias ou até mesmo a participação em grupos fechados.

Parcerias e Colaborações: Colaborações com marcas e outros criadores são uma excelente oportunidade para gerar receita, além de fortalecer sua rede de contatos e aumentar sua visibilidade.

Parcerias com Marcas: Muitas empresas buscam

influenciadores para campanhas de marketing. Ao formar parcerias estratégicas, você pode não apenas receber por essas campanhas, mas também construir relacionamentos de longo prazo com essas marcas.

Colaborações com Outros Criadores: Colaborar com outros criadores pode aumentar sua exposição e, consequentemente, suas oportunidades de monetização. Além disso, essas parcerias podem gerar conteúdos mais ricos e atrativos para ambas as audiências.

2. Gestão Financeira para Criadores de Conteúdo

Gerar receita através da criação de conteúdo é apenas o primeiro passo. Para garantir a sustentabilidade a longo prazo, é essencial gerenciar suas finanças de forma eficaz, mantendo um controle sobre os ganhos, despesas e investimentos necessários para continuar crescendo.

Boas Práticas de Gestão Financeira:

Estabeleça um Salário para Si Mesmo: Muitas vezes, criadores de conteúdo tratam todo o dinheiro que ganham como rendimento pessoal, mas para garantir uma gestão financeira saudável, é fundamental estabelecer um salário. Defina uma quantia que você retirará mensalmente para suas despesas pessoais e mantenha o restante dos ganhos para reinvestir em seu trabalho.

Separação de Contas Pessoais e Profissionais: Mantenha contas bancárias separadas para suas finanças pessoais e para as receitas e despesas do seu trabalho como criador de conteúdo. Isso facilita o controle financeiro e ajuda na organização para fins fiscais.

Defina um Percentual de Retirada: Ao invés de retirar todos os seus ganhos mensalmente, determine um percentual fixo para retirar como salário. Isso ajudará a garantir que você tenha sempre uma reserva para reinvestir em novos equipamentos, cursos ou outras despesas relacionadas ao seu crescimento.

Planejamento de Despesas e Investimentos: Crie um plano para reinvestir parte do seu faturamento em seu trabalho. Isso pode incluir a compra de novos equipamentos, contratação de serviços de edição, marketing ou até mesmo a criação de uma equipe para ajudar na produção de conteúdo.

Tecnologia e Equipamentos: Dependendo do tipo de conteúdo que você produz, é importante manter-se atualizado com a tecnologia. Câmeras, microfones, iluminação e softwares de edição podem ser investimentos essenciais para melhorar a qualidade do seu trabalho.

Serviços Profissionais: À medida que seu canal ou plataforma cresce, contratar editores, designers gráficos ou assistentes pode liberar seu tempo para focar na criação de conteúdo estratégico.

Reserve uma Parte para Impostos: Ao começar a gerar renda significativa com a criação de conteúdo, é importante estar ciente das obrigações fiscais. Dependendo do país em que você reside, haverá impostos sobre a renda que você precisa reservar para evitar surpresas no fim do ano.

Contrate um Contador: Se você não tem experiência em lidar com questões fiscais, contratar um contador é um investimento que vale a pena. Eles podem ajudar a organizar suas finanças e garantir que você esteja em conformidade com as regulamentações fiscais.

Planejamento Fiscal: Pergunte ao seu contador sobre maneiras legais de otimizar seus impostos. Em alguns casos, você pode deduzir despesas relacionadas ao seu trabalho, como equipamentos e softwares.

Crie uma Reserva de Emergência: No mundo digital, os fluxos de receita podem ser incertos. Mudanças no algoritmo, políticas de monetização ou crises econômicas podem impactar seus ganhos de uma hora para outra. Por isso, é crucial criar uma reserva de emergência para cobrir períodos de baixa receita.

Reserva de 6 a 12 Meses: Uma boa prática é manter uma reserva suficiente para cobrir suas despesas básicas (aluguel, alimentação, etc.) por pelo menos 6 a 12 meses. Isso te dá tranquilidade para passar por momentos mais difíceis sem precisar interromper sua produção de conteúdo.

3. Sustentabilidade e Escalabilidade do Negócio

Conforme seu trabalho como criador de conteúdo cresce, é importante pensar em estratégias para escalar o negócio e garantir sua sustentabilidade. Isso significa expandir sua presença digital, diversificar suas fontes de receita e otimizar seu tempo e esforços para continuar crescendo de forma sustentável.

Estratégias para Escalar o Negócio:

Expandir para Novas Plataformas e Nichos: Conforme sua audiência cresce, você pode explorar novos nichos relacionados ao seu conteúdo original ou expandir sua presença em plataformas onde você ainda não está presente.

Diversificação de Nichos: Se você começou com um nicho específico, considere expandir para tópicos relacionados que possam interessar à sua audiência. Por exemplo, um criador de conteúdo sobre fitness pode começar a abordar tópicos de saúde mental, nutrição ou bem-estar.

Novas Plataformas: Além de manter sua presença nas plataformas principais, como YouTube e Instagram, considere criar conteúdo em novas plataformas emergentes. Isso pode aumentar sua visibilidade e oferecer novas oportunidades de monetização. Plataformas como TikTok, Twitch ou até mesmo LinkedIn estão crescendo e podem ser exploradas dependendo do seu nicho.

Automatização e Terceirização de Processos: Para escalar seu negócio de forma sustentável, é essencial otimizar seu tempo e delegar tarefas que possam ser realizadas por outros profissionais ou por ferramentas de automação.

Automatize Tarefas Repetitivas: Use ferramentas de automação para programar postagens em redes sociais, responder automaticamente a e-mails, e até mesmo organizar sua lista de afiliação. Isso pode economizar muito tempo e garantir que o conteúdo esteja sendo gerenciado de forma eficiente.

Contratação de Equipe: À medida que você cresce, considere terceirizar ou contratar profissionais para ajudá-lo em áreas como edição de vídeo, design gráfico, gerenciamento de redes sociais ou até mesmo estratégias de marketing. Isso permite que você foque no que faz de melhor: criar conteúdo.

Branding Pessoal e Parcerias Estratégicas: À medida que seu trabalho ganha mais visibilidade, investir no seu branding pessoal e estabelecer parcerias estratégicas pode elevar ainda mais seu sucesso e garantir a sustentabilidade financeira.

Construa uma Marca Pessoal Forte: A autenticidade e o alinhamento com valores claros ajudam a construir uma marca pessoal forte. Seja conhecido por algo específico, como uma abordagem única, um estilo de conteúdo ou um expertise, e mantenha essa consistência em todas as plataformas.

Parcerias com Marcas Alinhadas: Parcerias com marcas que compartilham dos mesmos valores que você ajudam a solidificar sua autoridade no nicho, além de trazer mais oportunidades financeiras. Escolha empresas que agreguem valor à sua audiência e mantenha relações de longo prazo com essas parcerias.

Criação de Produtos e Serviços de Longo Prazo: Desenvolver produtos ou serviços que possam ser vendidos repetidamente, como cursos online, consultorias ou produtos físicos, cria uma fonte de renda adicional e ajuda a garantir sustentabilidade financeira.

Cursos e Programas de Mentoria: Se você já é um especialista em sua área, criar um curso online ou oferecer mentorias pode ser uma excelente maneira de escalar seu conhecimento e monetizá-lo em grande escala. Plataformas como Hotmart e Eduzz facilitam a criação e venda de cursos online.

Produtos Físicos: Para criadores com uma base de fãs engajada, o lançamento de uma linha de produtos (roupas, acessórios, livros físicos) pode ser uma forma de diversificar a renda e ampliar a conexão com seu público.

4. Planejamento de Longo Prazo: Pensando no Futuro

O mercado digital está em constante evolução, e um dos grandes desafios é garantir que seu trabalho continue sendo relevante e lucrativo a longo prazo. A seguir, veremos algumas estratégias para garantir que seu conteúdo e modelo de negócios evoluam junto com as mudanças do setor.

Planejamento de Longo Prazo:

Atualização Contínua e Formação Pessoal: O conhecimento em áreas como marketing digital, produção de conteúdo e monetização de plataformas está em constante evolução. Para garantir que você continue relevante e competitivo, é crucial investir em sua formação e atualização profissional.

Cursos e Workshops: Invista em sua educação contínua. Participe de cursos sobre marketing digital, produção de conteúdo, design ou outras áreas que possam aprimorar suas habilidades e manter seu conteúdo atualizado com as melhores práticas do mercado.

Participação em Conferências e Eventos: Eventos e conferências de marketing digital são ótimas oportunidades para aprender com os maiores especialistas do setor, além de fazer networking com outros criadores e profissionais.

Flexibilidade e Adaptação: O ambiente digital muda rapidamente, e os criadores que se adaptam a novas tendências, tecnologias e comportamentos dos consumidores têm mais chances de sobreviver e prosperar. Seja flexível com seu conteúdo, estratégias e nichos.

Experimentação Constante: Não tenha medo de experimentar novos formatos de conteúdo, abordagens ou até mesmo plataformas. Testes constantes podem revelar novos caminhos de sucesso que você não imaginava.

Adaptar-se às Mudanças de Algoritmo: Sempre que houver mudanças no algoritmo de uma plataforma, ajuste sua estratégia de conteúdo. Esteja preparado para monitorar seus resultados e adaptar-se rapidamente para não perder engajamento.

Construção de Comunidade: Mais do que simplesmente ter seguidores, construir uma comunidade forte e leal em torno de seu conteúdo garante que você tenha uma base sólida de pessoas que estarão com você, independentemente de mudanças em algoritmos ou plataformas.

Engajamento Real: Invista tempo e energia em criar uma conexão verdadeira com seu público. Responda a comentários, faça enquetes, pergunte opiniões, e mostre que você valoriza o feedback da sua audiência.

Ofereça Valor Consistente: A chave para manter uma comunidade leal é oferecer valor constantemente. Isso pode ser na forma de conteúdo educativo, entretenimento, inspiração ou qualquer outro tipo de valor que sua audiência procura.

Criação de Fontes de Renda Passiva: Fontes de renda passiva, como produtos digitais e afiliados, são essenciais para garantir sustentabilidade no longo prazo. Esses produtos continuam gerando receita, mesmo quando você não está diretamente criando novo conteúdo.

E-books, Cursos e Ferramentas: Desenvolver produtos digitais escaláveis, como cursos, e-books ou ferramentas, pode gerar renda passiva e permitir que você se concentre em criar novos conteúdos ou explorar outras áreas de monetização.

Investimento em Afiliados e Programas Recorrentes: Programas de afiliados e assinaturas recorrentes oferecem uma fonte de receita previsível. Considere se associar a programas que recompensam assinaturas ou compras recorrentes.

A Construção de uma Carreira Sustentável no Digital

Para garantir que sua carreira como criador de conteúdo seja financeiramente sustentável a longo prazo, é essencial diversificar suas fontes de receita, investir em gestão financeira eficiente, e adotar estratégias que permitam escalar seu trabalho. Não basta apenas criar conteúdo; é preciso pensar em seu negócio como uma empresa que precisa de planejamento, investimento e inovação contínua.

O planejamento financeiro sólido, aliado a um constante processo de aprendizado e adaptação, permitirá que você transforme a criação de conteúdo em uma carreira lucrativa e duradoura, preparada para resistir às mudanças do ambiente digital e continuar crescendo com o passar do tempo.

Ao longo deste livro, exploramos as inúmeras facetas do universo digital e como ele oferece oportunidades únicas para os criadores de conteúdo. No entanto, como vimos, o sucesso nesse mundo não se resume apenas à criação de bons vídeos, postagens ou podcasts. Há uma complexa rede de elementos que precisam ser compreendidos e aplicados para que uma carreira na criação de conteúdo não seja apenas lucrativa, mas também sustentável no longo prazo.

Recapitulando os principais pontos que abordamos:

Planejamento Estratégico: Antes de qualquer coisa, é essencial parar e planejar. Não adianta lançar-se em uma empreitada digital sem entender seu público, as plataformas em que você vai atuar, e como monetizar efetivamente seu conteúdo. O planejamento é o primeiro passo para evitar o desperdício de recursos e maximizar suas chances de sucesso.

Entendimento Profundo das Plataformas: Cada plataforma tem suas peculiaridades e algoritmos, e conhecer esses detalhes é o que separa amadores de profissionais. YouTube, Instagram, TikTok, entre outros, possuem suas regras e melhores práticas, e os criadores de sucesso são aqueles que sabem como jogar de acordo com essas regras para maximizar sua visibilidade e engajamento.

Criação de Conteúdo de Valor: O foco principal de todo criador de conteúdo deve ser gerar valor para sua audiência. Não importa o formato do conteúdo — seja ele educacional, de entretenimento ou inspiracional —, é necessário que ele agregue valor à vida das pessoas. É esse valor que irá construir uma base sólida de seguidores e, mais importante, uma comunidade engajada.

Monetização Inteligente: Existem várias formas de transformar seu conteúdo em renda, desde anúncios e patrocínios até a venda de produtos digitais e físicos. A diversificação de fontes de renda, como discutimos, é vital para a estabilidade financeira. Além disso, ferramentas como marketing de afiliados, cursos online e assinaturas podem criar fluxos de receita mais constantes e previsíveis.

Gestão Financeira e Sustentabilidade: Não basta apenas ganhar dinheiro; é necessário saber administrá-lo. Criadores de conteúdo bem-sucedidos tratam sua produção como um negócio, gerenciando ganhos, despesas e investimentos de forma profissional. A construção de um planejamento financeiro sólido e o reinvestimento no negócio são essenciais para garantir longevidade na carreira.

Adaptação e Evolução: O ambiente digital muda rapidamente. Novas tendências surgem, algoritmos são atualizados, e o comportamento da audiência se transforma. Criadores que se mantêm atentos às mudanças e são capazes de se adaptar rapidamente têm muito mais chances de sucesso a longo prazo. Isso requer um compromisso com o aprendizado contínuo e a disposição de experimentar novos formatos e estratégias.

Para Onde Ir a Partir Daqui?

Agora que você chegou ao final deste livro, deve ter uma visão clara dos passos que precisa dar para começar ou melhorar sua jornada como criador de conteúdo. Não se trata apenas de monetizar por monetizar, mas de criar algo com propósito, que envolva e engaje sua audiência, ao mesmo tempo em que constrói uma carreira sustentável e lucrativa.

Aqui estão algumas ações práticas para seguir adiante:

Revise seu Planejamento: Se você já começou a criar conteúdo, faça uma revisão do seu plano estratégico. Se ainda não começou, este é o momento ideal para construir uma base sólida com um plano bem pensado.

Aprimore seu Conhecimento sobre Plataformas: Escolha uma ou duas plataformas principais onde você deseja concentrar seus esforços e estude a fundo os algoritmos, melhores práticas e ferramentas disponíveis para criadores. Isso ajudará você a otimizar seu conteúdo para cada plataforma.

Crie Conteúdo Focado no Valor para sua Audiência: O valor que você entrega deve sempre ser sua prioridade. Pergunte-se como seu conteúdo pode ajudar, entreter ou inspirar sua audiência e crie com isso em mente.

Diversifique suas Fontes de Renda: Se você ainda depende de apenas uma ou duas formas de monetização, explore novas opções. O marketing de afiliados, a criação de produtos digitais, e a oferta de conteúdos exclusivos para assinantes são excelentes maneiras de aumentar seus ganhos e estabilizar sua receita.

Administre suas Finanças: Comece a pensar como um empresário. Separe suas contas pessoais das contas do seu trabalho, crie um orçamento para investir em equipamentos e serviços, e planeje-se financeiramente para os impostos e períodos de baixa.

Mantenha-se Flexível e Aberto às Mudanças: Esteja sempre de olho nas tendências do mercado e nos feedbacks da sua audiência. O ambiente digital está em constante mudança, e os criadores que prosperam são aqueles que se adaptam rapidamente e continuam inovando.

Por fim, lembre-se de que o caminho para o sucesso como criador de conteúdo pode ser cheio de desafios, mas também repleto de oportunidades. Com a mentalidade certa, as ferramentas adequadas e um planejamento sólido, você estará pronto para construir uma carreira de sucesso e monetizar suas paixões de forma sustentável.

Agora é sua vez!

Pegue tudo o que aprendeu neste livro e coloque em prática. O sucesso está ao seu alcance — basta parar, pensar estrategicamente e monetizar de forma inteligente.

www.ingramcontent.com/pod-product-compliance
Lightning Source LLC
LaVergne TN
LVHW051643050326
832903LV00022B/872